閉め出さない学校

すべてのニーズを包摂する教育へ

鈴木文治

日本評論社

はじめに

人と人とが許し合うことが難しい時代になってきました。小さなことで目くじらを立てて相手を罵倒し、攻撃する場面を日常生活のいたるところで見聞きします。

幼稚園や保育園の園児たちの声を我慢できない人、小中学校の運動会での子どもたちの声を騒音だとして抗議する人、お年寄りのゆっくりとした動作が妨げになると不快感を隠そうとしない人など、「お互いさま」といたわり合うことをしないで、露骨に嫌がる人たちが増えています。

そこには他者への思いやりや、子どもや老人など弱い立場の人たちと共に生きようとする姿勢がみられません。社会全体が、寛容さを欠いた、自己主張の強い姿になってきています。人と人の関係だけでなく、国と国の関係、民族や宗教においても、非寛容で排他的な事柄がマスコミを通して知らされます。どうしてこんな状態が日常化した社会になってしまったのでしょうか。

私は長年、障害児教育の教師として生きてきました。そこで見聞きしたことや実践したことを、改めて「インクルージョン」の視点からまとめようと思ったことが、この本を著した意図です。

このなかには、特殊学級（現在の特別支援学級）の担任として、通常の教育との壁をどう乗り越えようとしたのか、障害児や特殊学級が通常の学校では孤立する傾向にあり、それにどう対応したのかの記録があります。

また、養護学校（現在の特別支援学校）の校長として、インクルーシブ教育にどのように取り組んだのかが記されています（「インクルーシブ」は「インクルージョン」を形容詞にしたものです）。地域の学校に生徒を移す取り組みや、地域社会をインクルーシブなあり方に変える取り組みもあります。

この学校は、神奈川県の特別支援学校のモデル校としてつくられたもので、日本で初めて芸術コースをもった特別支援学校として知られています。この芸術コースの教育的成果についても、本書で言及しています。

二〇一四年一一月に放映されたＮＨＫの番組「プロフェッショナル 仕事の流儀」に取り上げられたバイオリニスト・五嶋みどりさんは、この芸術コースを理解して、支援してくれた人です。サントリーホールで行なわれた障害のある高校生たちとのコンサートは、心を揺さぶられるものでした。不自由な手足を使って渾身の力を込めて演奏する生徒たちの表情や仕草には、障害のあることを超えて、訴えるものがありました。

インクルーシブ教育は、障害者と健常者を区別しないで一緒に行なう教育、ということにはとどまりません。日本の学校には、不登校やいじめ、非行や中途退学など、たくさんの課題があります。これらの問題をインクルーシブ教育の視点からみると、従来とは異なる形の取り組みが必要になることがわかります。

障害児教育の到達点を一言でいえば、こうなります。障害児の問題は本人自身の問題ではなく、その子を取り巻く環境にあります。当事者の自己責任ではありません。問われることは、周囲の教育環境（学校、教師、保護者、社会）が、その子にとって適切に配慮されているかどうかです。

この考え方では、学校に適応できない子どもたちについては、学校に行くことや適切な行動をとることを妨げている周囲のあり方が問題となります。不登校をはじめ、さまざまな問題行動のある子どもたちは、排除された子どもたちと考えられます。インクルーシブ教育は、障害児だけに関係するものではありません。教師や保護者の子どもたちへの対応、学校や社会のあり方が、そこに示されるのです。


私はこれまで、二つの排除事象の当事者として生きてきました。一つは、養護学校新設の際に起こった地域の反対運動。もう一つは、キリスト教会で行なっているホームレス支援活動に対する地域の反対運動です。この二つはいずれも、共生の街、人権の街を謳う川崎市で起きたことです。障害者やホームレスに対する排除が公然と行なわれたことから、現在の日本社会に、インクルージョンではなく「イクスクルージョン（排除）」の文化的土壌がこびりついていることを知らされます。

このような排除に対してどう戦ってきたのかも、この本のテーマになっています。お読みいただき、インクルーシブな社会の実現のために共に戦っていただくことをお願いするものです。

目次

序章　五通の手紙

特殊学級の保護者より

ご無沙汰しております。中学校に問い合わせて、先生が教育センターに勤務していることを知りました。先生にお知らせしたくて、手紙を書きました。

先生は、和雄のことを覚えていますか。和雄は今年から定時制高校に入学して、元気に通っています。今までの遅れを取り返すのだと張り切っています。人より四年遅れましたが、やっと家から出られるようになり、学校へも行かれるようになりました。

先生が引きこもりだった和雄のために、毎日のように家庭訪問をしてくれて、最後には先生の生徒として卒業させてくださり、本当にありがとうございました。あれからもう四年半になります。

小学生の頃から不登校で、なかなか学校に行かれない子どもでした。中学校に入学したら、まったくの引きこもりになってしまいました。児童相談所や教育センターなど、相談できるところを探しては行ってみました。でも、どこでも「親のかかわり方を変えることが大切」と言われ続け、自分が責められるばかりで、疲れ果ててしまいました。ときどき児童相談所の方が訪問してくれましたが、何の解決にもなりませんでした。

とうとう三年生の九月になり、これからの進路をどうするかという時期になって、児童相談所から先生のクラスを勧められました。不登校や非行の生徒が大勢いるクラスとのことでしたが、他校の生徒を引き受けてくれるとは思ってもみませんでした。でも先生は受けてくださり、毎日のように家庭訪問をしてくれました。学校には行かれませんでしたが、最後には先生の学校で、一人だけの卒業式をしてくれました。

後になって、隣の中学校の生徒を指導することについて先生が校長先生たちを説得してくれたこと、周りの先生たちの協力があったことを知りました。半年間ですが、引きこもりで人と会うこともないあの子に、外の風を当ててくれた唯一の人が先生でした。和雄は先生と会えることを何より楽しみにしていました。そうしたことの積み重ねがあって、やっと外に出られるようになったのだと思います。

先生がいなくなって、和雄はとても悲しみました。でもそれから少しずつ外に出られるようになったのは、先生に会いたいと思っていたからだと思います。

ある晩、「先生の学校へ行ってきた」とあの子は言いました。「先生は転勤してあの学校にはいないよ」と言うと、「わかっているよ」という返事でした。よほど先生に会いたいのだなと思って、ご自宅に電話をかけようかと迷いましたが、これ以上迷惑はかけられないと思いました。この子もいずれはアルバイトができるようになって、そこでもっと勉強しなければ、と思ったのです。

引きこもりは時間を無駄にすることだと普通は思いますが、あの子には社会に出るまでにそれだけの時間が必要だったのだと思います。今は私も主人もやっと苦しみから解放されて、平穏な時間がもてています。

これからも何かあったら相談に乗ってください。


この生徒との出会いは、まだ夏の暑さが残る九月半ばだった。児童相談所の指導員が私を訪ねてきた。不登校で引きこもりの生徒がいるので、指導してほしいということであった。

私はある中学校の特殊学級で、一一年間、担任をしていた。その学級は、障害のある生徒だけでなく、不登校や非行、発達障害、外国籍、捨て子、虐待などのさまざまな教育的ニーズのある生徒たちが集まっていた。

学校の近くには児童相談所があった。学校生活が円滑にできにくい生徒の指導のために、学校は児童相談所といつも連携していた。学区を超えて生徒を入級させたり、ケース会を相談所で定期的に行なったり、指導員が授業参観をして生徒の適応を確認するなどして、生きづらさを抱えた子どもたちを支えていた。それは、今から思えば、教育と福祉の理想的な連携であった。不登校の生徒も多く、手紙の生徒は、その関係で紹介された。

九月から三月までの半年間、私はほぼ一日おきに家庭訪問をした。在籍はそのままにして、家庭での指導を開始した。いろいろな話をしたり、ゲームや工作などをしたりして過ごした。学校へ行こうか、という登校刺激は一切出さなかった。

卒業間近になって、卒業式をどうするかと聞くと、「先生の生徒として卒業したい」と言う。私はそれを校長に話し、全体の卒業式への参加は無理だから、一人だけの式にしたいと提案して、認められた。

三年間、家から出たことがなかったので、卒業式の前に家から出てみる試行として、休日に私の車でドライブに誘った。彼が玄関から出た瞬間、母親の目から涙がこぼれた。

卒業式は無事終了したが、私は四月に教育センターに転勤することになっていた。ときどきは会うことも考えたが、結局、忙しさもあり、電話で話すだけで、会うことはなかった。

その後、彼が高校生になったことは驚きであった。引きこもったままの不登校の生徒を何人も見てきたからである。のちに、彼とは大学進学の相談で会った。現在は四〇歳を超えた会社員であり、二児の父親となっている。引きこもりで苦しんだ自身の経験は、きっと子育てに活きているだろう。

私は、特殊学級を、風通しのよい学級にしたいと考えていた。学級を開くことで、生徒も教員も学級も孤立しないで、周囲の人たちとの関係がもてるようになる。そのためにまず学級を学校全体に開き、地域に開き、どんな生徒も受け入れる学級にしたいと考えた。

学級の行事の際には、教員が大勢参加してくれるようになった。児童相談所と緊密な関係にあったため、学区外の生徒の受け入れも多かった。また、特殊学級や通常学級だけでなく、この事例のように、他校の生徒の家庭訪問も行なった。ときには小学生の受け入れもあった。

そこには、学区や校種という法的な基準より、その子の教育的ニーズを優先させる取り組みがあった。もちろん校内には反対意見もあり、説得が必要だった。しかし、最終的にそのことが可能だったのは、校内で管理職をはじめとする多くの教員の理解と協力が得られたからに他ならない。

さらにいえば、障害児学級に不登校や非行などの生徒を入級させてよいものかという声は、校内を問わず校外からも常にあった。そのようなやり方は障害児教育のあり方を崩してしまう、通常学級の教師のやるべきことを奪っては教育の本質を歪めることになる、そういった多くの批判や疑問が寄せられた。ただ、学校に適応しにくい生徒たちの居場所となっていたことはたしかだ。

決められた枠を崩すことには、それを行なう側も受ける側も抵抗がある。だが、一人ひとりのニーズに可能なかぎり寄り添う教育は、境界線を越えなければできないこともある。教育上の枠や縛りは、個別のニーズに優先することなのだろうか。むしろ境界線とは何かということが、今の時代にこそ問われているのではないだろうか。

養護学校の保護者より

校長先生、ご退職おめでとうございます。

哲也は養護学校を卒業して、元気に作業所に通っています。ご安心ください。

養護学校に入学した年の六月に行方不明になって、みなさんにご迷惑をおかけしました。先生は、卒業式の後の祝う会で、思い出として哲也の行方不明事件を話されました。今はそんなことが二度と起こらないように、作業所まで送り迎えをしています。もうすぐ、慣れて自力で通えるようになると思います。

他の多くの保護者も同じですが、先生のインクルージョンの考え方に、とても共感しました。障害のある人も、人間として尊重される社会をつくることができるということを教えてもらいました。私は、障害がある者は、苦しんでいても何も言えない、誰にも訴えられないのだと思っていました。息子を連れて歩くときは、「人に迷惑をかけないように」と考えていたこと、「こんな子どもの親で恥ずかしい」という思いでいっぱいだったことを思い出します。

「インクルージョン」、排除しない共生社会を目指す考え方は、私たちに大きな希望を与えてくれました。養護学校の大研修室には、「麻生養護学校インクルージョン宣言」が掲げられていました。「麻生養護学校は地域の差別と戦います」の言葉を、何度眺めたでしょうか。この子どもたちのために、地域社会と戦う学校をつくるという先生の考えに賛同して入学したのは正解でした。子どもが変わるだけでなく、私たち保護者も変わったからです。差別や排除に負けないで、障害児の保護者として胸を張れる親になることができました。

それから、「表現支援コース」の勉強は、私たち親も楽しかったです。表現支援コースで学んだフルートは、上手な演奏にはほど遠かったですが、息子が初めて音が出せたときの感激は、今でも忘れられません。七月のサマーコンサートに卒業生として参加するのが今からとても楽しみです。先生もぜひきてくださいね。

先生はどこに行っても戦い続けられる人です。インクルージョンの社会が本当に実現するまで、一緒に戦ってくださいね。


開校したばかりの養護学校で、下校途中の高等部の生徒が行方不明になった。保護者からの連絡で、全職員による一斉捜索が開始された。

登下校の道、バスの通路など、生徒が今まで行ったことのある場所を探したが、夜になっても手がかりはない。何か連絡はないかと校長室に母親と一緒に待機したが、何もないままに夜の一〇時を過ぎ、後は警察に任せるしかないという結論になった。

翌日、早めに学校に行くと、母親がすでに学校で待っていた。どこからも連絡はない。

校長室に入ると、母親は泣き出した。ダウン症の息子は、言葉で何か言える子ではない。食べ物一切れ、水一滴口にしていないはずだ。そう思ったら何も口に入らず、一睡もできなかったという。一晩ですっかり老け込んだ印象だった。

養護学校にはときどき、地方の養護学校や福祉施設から、行方不明者の捜索に協力してほしいという依頼書が写真と一緒に送られてくる。その行方不明者のなかには、障害のある人が少なくない。ホームレスの群れや、身元不明死者のなかにいることもある。私はホームレス支援活動を長く続けてきて、そのような事例を見てきた。私の頭に、一瞬そんな事例がよぎった。

九時になって、警察から生徒を無事に保護したと連絡が入った。緊張が一気に緩み、安堵感が胸からあふれ出た。母親は号泣した。

生徒はバス経路の脇道の草むらで、一晩過ごしたらしい。無事の情報を聞いた担任も大粒の涙を流した。一同、みな同様であった。

だが、私がこの件で知ったことは、自分が一介の教師に過ぎないということであった。生徒を思う教師の気持ちと、わが子を思う母親の気持ちでは比べものにならない。教師の愛情など、親のそれに比べたらものの数ではない。親の子に対する愛情を心から受け止めて子どもに対応するのが教師であることを、心底知らされた。

私は、インクルージョンを目指す学校をつくるという理想を掲げて、ことあるごとにインクルージョンについての説明会、講演会を開いた。保護者の多くは、インクルーシブ社会の実現に希望をもつようになった。長い間、障害への差別や偏見、排除というつらい環境に置かれ、そこからの解放を誰より夢見ていたからである。

障害児の学校では、なかにいる子どもたちの教育が何より大切である。だが、それと同時に、この子たちが地域社会で生きられるように、人々の意識を変えていくことも学校の大切な役割だ。地域社会をインクルーシブにしようという思いは、さまざまな地域社会に対する取り組みとして現れた。新設校の教育目標に「地域社会の変革」を盛り込んだのもその一つである。障害者と非障害者の間にある壁を取り払うことは、学校の果たすべき重要な使命ではないか。

「表現支援コース」は、特別支援学校高等部のコース制のなかに全国で初めて芸術コースを設置した画期的な試みである。障害者に芸術？　そんなことが必要なのか。もっと障害者にふさわしい教育があるのではないか。疑問視する人々は大勢いた。文部科学省や厚生労働省の調査官もそのような考えで、就職させるための教育のほうが大事だと主張した。だが、本当にそうなのか。障害者にとって、芸術活動は大切な意味がある。そのことについては、のちの章でくわしく述べていく。

養護学校のある地域の住民より

先生が退職されると聞いて、お便りをしています。

先生は五年前に私の家を訪ねてこられ、養護学校設立に協力してほしいと言われました。当時、自治会の会長をしていた私は、地域内に養護学校設立に反対の動きがあることを知っており、先生のお願いには少し冷ややかな対応をいたしました。

私個人は、障害者が大勢地域に入ってくることに、特別に反対という思いはありませんでした。しかし地域では、養護学校ができると安心な町ではなくなるのではないか、子どもたちがいたずらされないかなど、さまざまな心配事が住民の心のなかに渦巻くようになっていました。何より、障害者についてよく知らないことが不安の原因でした。

先生は学校設立準備室の段階から自治会に足を運ばれて、丁寧に障害者についてお話ししてくれました。しかし、強い反対意見をもつ人たちがいたために、簡単には理解されず、先生もつらい立場であったと思います。地域にあるもう一つの町内会は、会長さんがしっかりリーダーシップをとって、反対意見を押さえ込んでいただけに、私は自分のふがいなさを感じていました。

教育委員会はもっと前から自治会にきて、何度も説明をしてくれましたが、開校までにみんなが了解し、協力するということには至りませんでした。そのため、校長先生みずから地域を説得することになったわけです。校舎の建築工事の最中に、運搬用トラックの振動で近隣の家々の窓や壁を損傷するということがあり、その対応があまり上手でなかったことも、反対運動の火に油を注ぎました。

十分な理解や協力が得られないまま、とうとう開校の日を迎えました。当日の早朝、学校の通用門の前に、大きな車が止められるということが起こりました。後から聞いたことですが、町内の過激な反対派がしたことでした。私はそのことを聞いて、先生のつらさがどれほどのものかと思いました。

開校してからもいろいろなことがありました。私が自治会長を務めたのは一年だけでしたので、その後のくわしいことはわかりません。

ただ、このことだけははっきりといえると思います。反対運動のなかでつくられた養護学校が、この地域を変えつつあるということです。学校の行事に、町内会の人々が参加するようになっています。また、学校のボランティア募集に二〇人を超える応募があり、活動に取り組んでいます。

先日、地域コミュニティの責任者と話す機会がありました。その方は、養護学校ができて五年、地域は確実に養護学校の子どもたちを受け入れるように変わってきていると話されました。養護学校ができて町内が温かくなった、と。

先生の目指したことからすれば、まだ学校づくりは不十分かもしれません。しかし、当時と今では大きく変わりました。先生がいなくなってからも、さらに変わり続けると信じています。

先生には大変失礼なことをした自治会ですが、地域住民を代表して現状を報告させていただきました。


私が校長を務めることになっていた新設養護学校の建設に対して、地域住民の反対運動が起こった。反対は予測されたことではあったが、実際の対応は激しいものだった。私はしばしば言葉に窮し、誰か救いの言葉をかける人が現れないかと心待ちにしたほどだった。

結局、地域への説得が十分にできないまま開校を迎え、住民との関係はぎくしゃくし続けた。だが、開校すると地域の人々が学校にやってくる。ボランティアをする人たちも増えてきた。開校前から、ボランティアへの参加を呼びかけていたからである。「障害者は怖い」という印象が、実際に触れ合ってみるととんでもない誤解であることがわかってもらえるようになってきた。

学校はボランティア養成講座を開き、インクルーシブ社会の実現に向けた理想を語り始めた。文化祭やコンサートにも参加者が増えてきた。

反対運動をしていた人たちは、障害者を知らないがゆえに反対していたのだ。また、多くの人たちが、一部の人たちの反対運動に批判的だったこともわかってきた。自治会長が直接、強固な反対派の人たちを説得してくれていたことも後日知った。

地域で暮らす人々と、障害のある子どもたちの学ぶ養護学校とは、同じ場所にある。学校の敷地と、隣接する地域の間にある境界線、その内側にいる者も外側にいる者も、同じ人間なのだ。内側にいるのは特別な人たちだと考えるべきではない。また、外側の人たちに、内側の人たちの理解者・支援者になってくれるようお願いし続けるのは、対等な関係とはいえない。いつの日か、すべての人が対等に生きることができるようになれば、反対運動もそれに対する戦いもなくなる。「かつてはそんな時代もあった」という過去形にしなければならない。

私は、地域住民による同様の反対運動を自分の住む地域でも経験している。長い間ホームレス支援活動をしてきて、どれだけの反対運動に立ち会っただろうか。「ホームレスは犯罪者だから町内に入れるな。支援活動を行なう教会は、地域から出て行け！」

いつの時代でも、社会の片隅に追いやられる人たちがいる。それを支えようとする人たちもまた、排除の対象になる。養護学校だけではない。障害者の施設や高齢者の施設も片隅に追いやられてきた。ホームレスや外国人も同様である。それはすべて、相手を理解していないことに原因がある。知らないことが差別や排除を生んでいく。生きることは、一緒に生きることなのだ。インクルージョンの理念をみんなで学び、排除しない社会をつくることが私の夢になって久しい。

他県の教育関係者より

先日は文化祭を参観させていただき、ありがとうございました。さらに、お忙しいなかにもかかわらず、お話しする時間をとっていただき感激しています。

先生の『インクルージョンをめざす教育』を読ませていただき、障害児教育の手法で通常の教育の課題を解決しようとする考えや、通常の教育を視野に入れながら教育のあり方を考える障害児教育の関係者が日本にはほとんどいないとの指摘に、強く感銘を受けました。

私の県でも、知的障害を中心に養護学校の大規模化、狭隘化が進んでいます。陳情や議員の指摘もあり、庁内でも大きな課題と認識されてきてはいますが、財政の問題が大きな壁となっています。

さらに、義務教育段階での養護学校就学率は全国平均よりも高く、神奈川県に比べると、より軽度のお子さんたちも養護学校に就学する状況にあるかと思います。必要な支援をきめこまかに行なうことで、できるだけ地元の学校で学習できる環境をつくるという特別支援教育の方向とは、逆の動きになっています。教育に携わるすべての教員が、特別支援教育の当事者であるという意識をもつことが課題となっています。

それにしても、先生が繰り返し語られる「インクルージョン」を改めて思います。私も先生と同様に、中学校の特殊学級担任をしていました。そのとき、一番心を痛めたことは、障害児も特殊学級も、学校の隅に追いやられてしまうことでした。なぜこれほどの偏見や差別があり、教員たちは協力的でないのかと思いました。学校が通常の学級中心で回っていることを嫌というほど知らされました。

だからこそ先生の「戦っていく」姿勢や、神奈川の「支援教育」の考え方がよくわかります。先生の考え方をもっと学んで、わが県においても支援を必要とする子どもたちの教育環境をよりよいものとすべく努力していきたいと思っています。

昨年まで勤務していた学校で、自分の考えや学校での出来事を職員や地域の方々と共有したいと考え、できるかぎり校長室便りを書いてきました。こんな学校にしたいという思いだけが空回りした二年間の「絵日記」でお恥ずかしいのですが、お目通しいただければ幸いです。なお、先生が毎月発行されている校長室便りをインターネットで拝見し、養護学校のあり方を探るうえでも、大変参考になっています。

神奈川県のモデル校としてつくられ、私が初代校長となった麻生養護学校には、開校以来、多くの教育関係者が訪れた。学校の目標に地域変革を掲げて、インクルーシブ社会の実現を目指す取り組みや、全国初の芸術コースを設定したこと、神奈川県の「支援教育」の推進、地域変革のための地域支援機能の充実、地域社会に支援される学校としての独自の財源づくりなど、さまざまな特色があったからである。

手紙の主は、関東地方にある県の教育委員会に所属し、新しい学校づくりの責任者となった方である。彼との話し合いで何度も確認し合ったことは、日本の教育界では、障害児教育はまだ市民権を得ていないということであった。日本の教育は、障害児やその学級などあたかも存在しないかのように動いている。障害児教育は特別なものとして、教育改革の文脈で語られることはない。

たしかに、「特殊教育」から「特別支援教育」への移行は、障害児教育にとって歴史的な変革であった。だが、それは教育界全体を巻き込んだ改革ではなかった。障害児教育の関係者だけで決定された特別支援教育は、通常の教育の関係者にまで意識の変革をもたらすことはなかった。

あえていうなら、特別支援教育の対象とされた子どもたちが、通常の学級を追われ、特別支援学級や特別支援学校に押し出されたに過ぎない。「障害」のレッテルを貼られた子どもたちが、通常の教育に携わる教師によって、自分たちの教育対象でないと切り捨てられてしまった。これでは、「共生」や「人権」についての子どもたちの意識が希薄になるのは目に見えている。

特別支援教育と通常の教育との間に境界線が引かれ、とてつもなく高い壁ができあがっている。その壁をどのように崩すのか。それこそが特別支援教育の最大の課題だ。小手先の制度や法律の改正ではない。むしろ、通常の教育が混迷をきわめるなか、いまだ市民権を得ていない障害児教育が、その改革の鍵を握っている。

神奈川県の「支援教育」は、障害児教育の理念と手法による通常教育の改革である（第3章で詳述）。手紙をもらった私は強い賛同者を得た思いであった。私は戦う教師にならなければならない。子どもたちのためにも、保護者のためにも、また通常教育の教師のためにも。

教会のある地域の住民より

先生、お元気ですか。私は今年七五歳になりました。長く町内会長や役員をしていましたが、仕事も町内会も引退して隠居生活に入っています。

今日こうして手紙を書いているのは、ずいぶん長く付き合ってきた先生に、お礼とお詫びを申し上げるためです。お礼を申したいのは、先日私の家の庭が、嵐のために足の踏みようもないほどに荒れていたのを、先生にご紹介いただいたホームレスの人たちがきれいに片付けてくれたことです。正直いって、大丈夫だろうか、変なことをされないだろうかと思っていました。でも、短時間にきれいにしてくれたのを見て、ホームレスの人たちへの偏見がなくなりました。

もう二〇年も昔のことになりますが、先生の教会でホームレス支援を始めたと聞いて、これは困ったことになったと思いました。町内会では当然のように反対運動が起こりました。こんな安全な町に、犯罪者のような者たちが大挙してやってくる。それも週に二度も。ホームレスなど絶対に町内にこさせないという強硬派をどう抑えるかということに私は苦心しました。彼らほど強硬ではないにせよ、私自身も反対でした。

さらにもう一つ困ったことは、私には先生との強い関係があったことです。先生が中学校にいたとき、私はＰＴＡ会長でした。先生が特殊学級の子どもたちを熱心に指導している姿を見て、ＰＴＡの役員会の人たちは感心していました。先生の学級はいつでも見学させてもらえましたので、みんなで授業参観したこともありました。先生が顧問の相撲部が全国大会に初めて出場することが決まったとき、ＰＴＡがカンパを募ったこともありました。先生が転勤されてからも、私は家が近いこともあって、よく道で会って話をしました。

その先生が教会でホームレス支援を始めたのは、障害者を見ていたことからすれば、自然なことだったのでしょう。でも町内会では断固反対で一致しました。町内会決議を持ってうかがったときの先生の困った顔と、私の苦しい胸の内は今でもよく覚えています。

それから半年後、地域住民を集めた教育懇談会で、先生はホームレス理解についてお話ししてくれました。その話の内容は今でも覚えています。人は年をとれば必ず障害者になる。障害者を排除することは、やがて自分も排除されることにつながる。人は仕事を失って住む家がなくなれば、ホームレスになる。ホームレスを排除すれば、将来の自分も同様に排除される。他人事ではなく、自分のこととして障害やホームレスを考えることを話されました。

今も先生はホームレスの人たちのために、たくさんのご苦労をされていることと思います。町内会では、やめてほしいという声がある一方で、私たちがしなければいけないことを教会が代わりにやってくれているという声も多く出るようになりました。あの人たちのお世話は、頭で考える以上に大変なことですから。

町内会長を辞した今、先生には大変申しわけないことをしたと思っています。いつか、ゆっくりとお話しできる日を待っています。

私の教会がホームレスの支援活動を始めて、二〇年が過ぎた。二〇年の間、一度も活動を中断することなく、大きな問題もなくやってこられたのには理由がある。それは、この活動が「共生の営み」だからである。

共生とは、痛みや苦しみをともに担い合うことである。上から目線で「助けてあげる」ではない。家族の一員として遇することである。家族のなかに、さまざまなトラブルを起こす人や病人、社会的な適応力に恵まれず働くことのできない人などがいることもある。そうした人を見捨てることができるだろうか。家族は何があってもお互いに支え合う。それと同じ思いが教会の支援活動の根本にある。

一方で、ホームレスの人たちへの社会的な評価はきわめて厳しい。不況や雇用の規制緩和によって労働条件が大きく変化し、それに対応できない人たちが社会から放り出される時代である。お互いに支え合うことを大切にしないで、強い者だけが勝ち残り、弱い者が抑圧される社会になっている。かつては、弱い立場にある人たち、貧困にあえぐ人たちを支えようという風潮が、この国にはあった。しかし、今は「自己責任」の題目のもと、「努力不足」「やる気がない」との非難が蔓延している。

ホームレスに対する見方も、「自業自得」だというのが一般的になっている。かつて教会が、川崎市当局に対してホームレスへの行政的支援を依頼するための署名活動を行なった。その際、通行人のなかに「あんな奴らを助けることはない」「ホームレスは社会のごみだ」「ホームレスなんて死ねばいい」と叫ぶ人たちがいた。教会でホームレスの支援活動を開始したときには、町内会がこぞって反対を表明し、教会が地域から出て行くことを要求した。

手紙は、当時の町内会長だった方がその頃を振り返ってくれたものである。教会の取り組みや地域の人たちの気持ちの変化によって、反対運動はやがて落ち着いていった。今では、総菜の差し入れや衣類の提供などをしてくれる支援者が増えている。反対者はまだ多くいるが、それを大声で叫ぶことはできなくなった雰囲気がある。二〇年間という時間の蓄積のなかで、人々の心が変化したことによるものだろう。

ホームレスの人々は自分たちとは違うという考え方によって両者の間に引かれた境界線は、教会で同じ食事をし、交わる時間のなかで、自然と消滅していく。教会でできることが、社会全体でできないわけはない。

教会の置かれているこの地域には、在日外国人も多く住んでいる。日本人と外国人との間にある境界線は、日常の地域生活のなかで大きな意識の障壁とはならない。市民としての付き合いが基盤にあれば、あえて「国民感情」を出す必要もない。

ホームレスも障害者も外国人も、それぞれの間に境界線を引いて、線のこちら側、向こう側と区別する必要はない。日常の生活のなかで小さな関係性をもつことが支え合いになり、境界線はおのずと消えていく。それがインクルーシブな社会なのだ。

現在の日本社会は紛れもなく「イクスクルーシブ（排除）社会」であり、その傾向がいっそう強まっている感がある。だが、境界線のない社会こそ、人間本来の社会ではないだろうか。

第1章　片隅に置かれた障害児教育

営業マンから教壇へ

私は最初から教師を選んだのではなかった。大学卒業後は石油会社に入社し、営業の仕事を三年間続けた。

輸入課という部署で、私が主に担当したのは原油船の傭船・配船であった。自社の石油精製所に石油を届けるために、当時はＶＬＣＣと呼ばれていたマンモスタンカーを雇い、他社との原油交換によって原油備蓄を安定させるという仕事であった。営業担当だったため、石油会社はもちろん船会社、商事会社、船関係の代理店など、多くの人たちとの日常的な交際が求められた。

人との付き合いが得意ではなく、酒の飲めない自分には天職とは思えなかった。会社の人たちは、みな洗練された雰囲気をもち、自信にあふれているように見えた。私が通っていた教会の貧しい人々の世界とは、まったく異なるものであった。

結局三年で会社を辞し、大学に入り直した。牧師になるためであった。だが、貧しい、苦しむ人々の教会の牧師になるためには、職業的自立が必要と考えた。私は教師になろうと思った。私は教会の牧師になると同時に、中学校の社会科教師になった。以来、教師と牧師の二足のわらじを履いて生きてきた。社会科の教師は三年で辞め、特殊学校の教師になった。その理由は、自分の小学校のときの恩師のようになろうと思ったこと、そして、教会のさまざまな苦しむ人々とかかわるなかで、障害や不登校など支援を必要とする子どもたちの教師になりたいと思ったことである。それは、青年時代の理想主義のようなものだったかもしれない。

だが、理想を掲げて飛び込んだ障害児教育の世界は、そんなものが通用するようなところではなかった。差別と偏見に満ちた世界のなかで、自分もいつそちら側に陥っていくかわからないような状況だった。

この章では、私が特殊学級の教員を続けるなかでみてきたことを述べてみたい。

障害児教育への無理解と偏見

障害児教育と通常の教育の間の壁

障害児者の権利獲得のための運動は、彼ら自身の人間としての尊厳を賭けた戦いだったといわれる。それは、障害者への偏見や差別の実態を明らかにして、政策や制度の変革を求めるにとどまらず、障害者の社会的存在の意義を示すことによって、社会全体のあり方を根本的に問い直すものであった。社会に合わせて生きるのではなく、自分たちの生き方によって社会を変えることを目指した戦いであった。

障害児者の戦いの歴史は、そのまま障害児教育の歴史と重なっている。障害児教育の歴史もまた、教育界において市民権を得るための戦いだった。

障害児教育に携わっている教師には、障害児教育が学校教育のなかできわめて大きな意味をもち、通常の教育を変える力をもっていると考えている人は少なくない。通常の教育のあり方に、少なからずよい影響を及ぼしてきたと主張する学者も多い。障害児学校の教師一筋でやってきた人のなかには、障害のある子どもたちが近隣の学校や地域社会の人たちに支えられていること、時代が進むにつれ障害児やその学校が地域で自然と受け入れられるようになってきたことを高く評価する人もいる。

だが、障害児教育の世界に三〇年にわたり身を置いてきた私には、昔を振り返っても、現在を眺めてみても、日本の教育界で障害児教育が市民権を得られたとは思えない。教育の本流には決して組み入れられず、傍流に置かれ、片隅に追いやられ、ともすればそのような教育があること自体、忘れ去られるほどの存在感でしかない。従来の「特殊教育」から二〇〇七年に「特別支援教育」に変わった現在でも、その状況は変わっていない。

多くの障害児学級は校舎の片隅に置かれて、学校の理解や支援すらなく、孤立のなかにある。拙著『学校は変わる』のなかで、私はこの孤立の現状を多くの事例で示し、障害児教育だけではなく教育界全体がきわめて危機的な状況であると警告した。このような状況は、なぜ生まれてきたのだろうか。

長年にわたり教育界全体から顧みられることもないままに放置されてきた障害児教育は、閉鎖的になりがちである。そのため、校内・校外を問わず、周囲から十分に理解されていない。特殊学級（現在の特別支援学級）と通常の学級の間の関係性は薄く、近隣の学校や地域社会との距離も大きい。自分には関係がないという意識が、両者間に高い壁となって立ちはだかっている。現在でも、社会一般にある障害児に対する偏見・差別と結びついた、特別支援学級・学校そのものへの誤解も少なくない。

障害児教育が学校教育全体のなかに融合できていないこのような状況は、障害児教育がその意義や成果を積極的に訴えて、理解を得る努力をしてこなかったせいでもある。また、障害児教育から、生徒個別の教育的ニーズに合わせた教育の重要性を学んでこなかった通常の教育の側にも問題がある。分離教育を推進し、交流に本格的に取り組んでこなかった教育制度によって作り出された面もある。

通常の学級では、担任が教科指導をし、社会人になるための教育が行なわれる。一方、障害児教育では、子どもの自立を目指して、身辺処理やコミュニケーション上の課題を指導する。そのなかには、遊びの学習や日常生活を指導する領域もあるが、「それを学校教育といえるのか」というやや蔑んだ見方がある。遊びの学習や排泄の学習も、障害のある子どもたちにとっては重要な学習であることが一般には理解されず、そのため障害児教育は、一般の教育よりも低いものとして位置づけられてしまっている。

教師のなかにある差別・偏見

私は、中学校の特殊学級の担任だったときに出会った教師たちを忘れることができない。一年間一緒に子どもたちの指導にあたった同僚の言葉の端々には、障害児への差別的な思いが感じられた。

教員たちや生徒たちのもつ特殊学級への偏見を目の当たりにしたとき、私は社会科教師に戻りたいと思うこともあった。それを押しとどめたのもまた、同僚たちの差別・偏見であった。自分がこの子たちを守らないで誰が守るのかという使命感を、逆に与えられたのだ。

ある同僚は、転勤する際、私にこう言った。「特殊学級担任はまともな教師ではない。君も普通学級へ戻れるようにがんばれ」。五年間も特殊学級の担任をした教師の言葉とは思えなかった。だが、彼自身がそれだけ追い詰められていたということなのだ。周囲の理解や支援のない状態で孤立した特殊学級の担任を五年も続けた苦労を、その言葉から知らされた。

ある教頭は、もともと障害児教育への関心が希薄な人だった。特殊学級の行事のたびに学級から招待状を出したが、一度もきてくれることはなかった。私が職員会議で特殊学級のことを議題に出すと、「そんなことは全体の職員会議で話すことではない」と厳しく指導されたこともある。

三月末、その教頭が別の養護学校の校長を務めることが決まった。教頭は学校を去るにあたっての挨拶のなかで、「あんな学校へ行くことになった」と言った。養護学校は普通の学校ではないという蔑みの思いが滲んでいた。

新しく校長になったその教師は、新年度の歓送迎会でこう言った。「私は養護学校の生徒にいつも言っていることがある。それは、周囲の人たちや社会に感謝しなさい、ということだ。君たちは、一生税金のお世話になって生きていくことになる。人のお世話で生きる人は、それへの感謝を表すことが大事だ」。私は文字通り仰天した。近くにいる教員が、「あんなことを言わせていいのですか」と私に詰め寄った。

障害者は税金で養われる〝穀潰し〟だという考えがあることを知って、悲しくなった。こんな考えの校長がいる学校では、子どもたちも教師も保護者もたまらない。その校長は、経済的に自立できない人は、人ではないと決めつけている。人はお互いに助け合いながら生きている、ということを知らないのだ。あなたも社会に支えられて生きている。一人で生きているのではない。こんな単純なことが理解できていない人が校長になっている。

私はのちに、教師のなかにこのように考える人が少なくないことを知った。それで子どもたちに何を教えるのか。何を考えさせるのだろうか。

その校長は任期半ばで転勤した。教師や保護者の反発に耐えられなかったと聞いた。人間が互いに支え合う存在であることを学ばなければ、障害のある人々をはじめ、さまざまなニーズのある人たちと触れ合うことはできない。また、人の生き方や社会のあり方を探る哲学をもてないだろう。教師の世界にこそ、差別や偏見が満ちていた。

差別・偏見の背景にある思想

特殊学級の担任となってからの一週間は、驚きの連続であった。なかでも最も驚いたのは、特殊学級開設に向けて学校で作られたパンフレットである。

そのパンフレットは、私が赴任する二五年前、昭和三〇年に作成されたものであった。そこには、障害児教育に対するあまりの理解のなさが表れていた。表紙には、特殊学級開設の趣旨として、大きな題字で「価値なき者への愛を」とあった。文章のなかにも随所に「無価値な存在への大慈」「無能力者への限りない愛」という表現があった。私が本当に驚いたことは、作成後二五年間もこのパンフレットが学校のなかに保存されていたことである。障害のある生徒には、教育ではなく憐れみを施すという考え方なのだ。このような前近代的な感覚を何の疑問もなくもち続けたこと自体、信じられないことである。

一九六一年、『わが国の特殊教育』と題された特殊学級開設に向けての文書が文部省から発行された。文部省はこれに基づいて、日本の特殊教育が将来どのように進むべきかを具体的に明らかにしようとした。

このなかでは、障害児の教育の場の拡大のために、特殊学級や養護学校の設置に積極的に取り組むべきと述べられている。全体としてみれば、障害児の置かれている状況を明らかにして、特殊教育を推進することを説いており、当時としては画期的なものであったと思われる。だが、問題なのは障害児に対する基本的な考え方である。たとえば次のような文章がある。

「五十人の普通の学級の中に、強度の弱視や難聴や、さらに精神薄弱や肢体不自由の児童・生徒が交じり合って編入されているとしたら、はたしてひとりの教師によるじゅうぶんな指導が行なわれ得るものでしょうか。特殊な児童・生徒に対してはもちろん、学級内で大多数を占める心身に異常のない児童・生徒の教育そのものが、大きな障害を受けずにいられません。

五十人の普通学級の学級経営を、できるだけ完全に行なうためにも、その中から、例外的な心身の故障者は除いて、これらとは別に、それぞれの故障に応じた適切な教育を行なう場所を用意する必要があるのです。

特殊教育の学校や学級が整備され、例外的な児童・生徒の受け入れ体勢が整えば、それだけ、小学校や中学校の、普通学級における教師の指導が容易になり、教育の効果があがるようになるのです」

ここに示されているのは「排除」の思想である。五十人の教育の充実のために、障害児を特別な場所に追いやるというのだ。障害児に対する教育の充実が優先課題とはなっていない。

文部省が養護学校や特殊学級の設置を推進する根拠が「障害児排除」の考え方に基づいているならば、障害児への差別や偏見を、障害のない子どもたちに植え付けることになる。それは一般の保護者を巻き込んで、社会全体の差別や偏見を助長する結果になるだろう。それこそが、障害児者への、また障害児教育への差別や偏見を作り出してきた源泉なのだ。

養護学校や特殊学級の設置が望まれるのは、ひとえに障害児の教育的ニーズのためである。教育は一人ひとりに合わせることが必要であり、そのための学校や学級が必要だという発想がどうしてなかったのであろうか。さらに、次の文章がある。

「自分のことは自分で始末ができ、他人に好かれ、他人と協調しながら、働くことのできる精神薄弱児、役にたつ精神薄弱児への育て上げが可能となります」

「精神薄弱児の特殊教育がねらうのは、自分のことは自分で始末でき、他人に迷惑をかけず、よく協調して、単純な仕事ではあるがそれをきまりどおりに行なうことによって、少しでも他人のためになる精神薄弱者の育成です」

「他人に迷惑をかけない障害者」や、「他人の役に立つ障害者」の育成。ここには、障害者自身の生き方や幸せという、障害者の立場での発想や理念は皆無である。

かつて障害児教育において、「愛される障害者」の育成という考え方が横行したことがあった。他人に好かれることを、障害者の生き方、幸福のかたちと考え、そのために、人から嫌われる「悪癖」をなくしたり、大きな声で挨拶をするなどの取り組みがなされた。だが、このような考え方は、障害者自身の主体性を無視していると批判され、消えていった。

また、次のような一文もある。

「その精神薄弱児の生まれる原因が、決して遺伝だけとは限らないのですから、自分の家に精神薄弱児が生まれなかったということは非常にしあわせだったと思わなければならず、同時に、精神薄弱児をもつ家庭に対しては、だれかが背負わなければならぬ荷物を負担してくれたものだという態度で援助し、激励するのが好ましいことでしょう」

自分の家に障害児が生まれなくて幸せだという言葉の背景にあるのは、障害者は不要な存在という価値観である。人権意識が十分育っていなかった当時、障害者への差別・偏見は至るところでみられたことではあるが、これからの特殊教育を展望するにあたってこの人権感覚のなさは何だろうか。

このような障害者排除の思想が社会の底流にあることを知らなかった私は、特殊学級の担任となって、通常の教育の教師たちの特殊学級への理解のなさを嫌というほど思い知ることになったのだった。

特殊学級の生徒は、「交流」として、学校行事などの折に通常の学級に参加する。生徒を受け入れる学級は「親学級」と呼ばれる。学級編成の際、特殊学級の生徒が参加する親学級を募るとき、通常学級の担任が誰一人手を上げないという場面に遭遇した。自分たちの学級にもさまざまな問題のある生徒がいる、「交流」とはいえ障害児を受け入れる余裕はない、というのだ。最後は学年主任の厳しい言葉で数人が引き受けることになったが、特殊学級が学校では「お荷物」扱いであることを知った最初の出来事であった。また、教師のなかには、特殊学級を「はきだめ学級」と公然と口にするものもいた。

少人数であることから、特殊学級は学校のなかで忘れられてしまいがちなほど存在感は小さかった。配布物が特殊学級にだけ届かない、始業式や終業式で特殊学級の生徒の名前が忘れられる、運動会や文化祭などの学校行事で居場所がない、卒業写真や文集に載らない……数え上げればきりがない。

大人の差別意識といじめ

学校における障害児に対する差別としてもう一つ取り上げなければならないのは、通常学級の生徒によるいじめの問題である。特殊学級の担任にとって、児童生徒へのいじめは深刻な課題である。馬鹿にする、物を投げつける、靴を隠す、そして暴力行為。

初めのうち、私は事実が発覚するたびに怒り狂っては、いじめた生徒の学級に乗り込んで、厳しい指導を繰り返した。自分の生徒を守るために。だが、途中から指導法を変えた。教師の怒りによって変えるのではなく、生徒自身が考えて、いじめは絶対に許されないことに気づかせることが大切なのだと思い、学年集会などで訴えることにした。

子どもたちのいじめの背景には、大人社会における障害者への差別や偏見がある。日常的に目にする差別事象が子どもたちを鈍感にさせ、「あのようにならなくてよかった」という思いを引き出す。社会が差別をつくっている。まず大人社会が、共生や人権に敏感になることが必要なのだ。

障害のある子どもたちが、障害のゆえにどれだけ苦しみ、悩んでいるか。その痛み、恥ずかしさ、もどかしさを自分のこととして考えられる子どもに育てることが大切である。そのためには、親や教師がそのような意識を明確にもたなければならない。通常の教育と障害児教育が高い壁で区切られていることが、差別や偏見を生んでいる。何より必要なのは、小さな頃からの自然な交流である。

特別支援教育がもたらした排除

中学校の特殊学級の担任になった私は、以上述べてきたような教育における差別や偏見、排除を実感してきた。その状況は現在、どうなっているだろうか。

二〇〇七年、特別支援教育が本格実施された。この画期的な教育が始まることを知った私は、文字通り心が躍った。通常の教育を視野に入れたこの新しい教育制度によって、障害児教育と通常の教育の間にある高い壁が取り払われ、両者がお互いを補完しつつ、学校教育を大きく改革するものと期待した。

特別支援教育は、障害児教育からの教育改革を実現し、長年の懸案だった、障害児教育が市民権を得ることを可能にするものと思えた。私は至るところで特別支援教育の理念の素晴らしさを説き、多くの人が特別支援教育を理解して実践することの意義を話して回った。

個別のニーズを見据えた教育が、通常の学校・学級でも実践されていく。そのことによって、障害児学校・学級の役割がいっそう重要なものになる。また、インクルーシブ教育の推進によって、通常の学級で多くの障害のある子どもたちが学ぶ土壌が醸成されていく。もちろん、個別の教育的ニーズに特化した教育は障害児学校・学級で行なわれるが、通常の教育との連携や協働は従来から大きく進歩したものになるはずだ、そういう好ましい予測があった。

しかし、特別支援教育は理念だけで終わってしまった。この教育の推進によって何が変わったのか。インクルージョンではなくイクスクルージョンが、疑問視されることもなく進められてしまったのだ。通常の学級に在籍する発達障害(学習障害、注意欠陥多動性障害、高機能自閉症等)の子どもたちが、いったんその診断を受けたら最後、通常の学級から特別支援学校・学級へと送り出されることになってしまった。

特別支援学校・学級の在籍児は、この一〇年で約一・六七倍に膨れ上がり[注]、特別支援学校を毎年新設しても追いつかない状態になっている。どこの県でも、特別支援学校の新設・増設が教育行政の最大の課題となっている。

特別支援学校に在籍する児童生徒のなかには、障害者手帳のとれない子どもたちが大勢いる。行動面や社会性では課題があるものの、知的には遅れがない子どもたちが、通常の学級から追い出されてしまったのだ。

特別支援教育がもたらしたものは、排除する学校の姿である。それは教育の崩壊を意味している。インクルーシブな教育が理念として掲げられていたにもかかわらず、結果として排除する学校を作り上げてしまった。

新しい教育改革の任を負った特別支援教育が、かつての分離教育をいっそう加速する結果になろうとは、誰が予測しただろうか。障害児教育の市民権を求める戦いを、再び始めなければならない。障害児教育の教師は、永遠に戦い続けるという宿命を負わされているのであろうか。

壁を崩すために

障害児教育の教師の叫びは、受け止めてもらえるのだろうか。校内の少数者である障害児学級担任の発言力は弱い。長く実践を続けてきた教師の主張が聞き入れられることもほとんどない。学校全体からみればごくわずかな子どもたちのことと、過小評価されてしまう。

私が職員会議で特殊学級のことを発言すると、「そんな小さなことは全体の前で言わなくてもいい」と言う教師がいたことは先ほど述べた。私はわざと「小さなことだから大事なのだ」と発言した。沈黙していては、主張は聞かれることはない。

障害児学級を運営するうえで欠かせないことの一つに、校長をよき理解者にするということがある。校長の考え方や姿勢で、校内の障害児教育のあり方が決定されるからだ。校長が頻繁に障害児学級に顔を出して、子どもたちや保護者と積極的にかかわる姿勢をもっているところでは、他の教師も障害児学級への理解や協力に積極的である。校長の果たす役割は大きい。

通常学校の課題は職員会議に諮られ、対応が決まる。しかし障害児教育については、校長がイニシアチブをとらなければ解決しないことが多い。両者の間にはそれだけ高い壁がある。

そのことは、児童生徒の在籍をめぐる問題にも強い影響を与えている。いったん入学・入級した特別支援学校・学級から、通常の学校・学級へと移籍することはできないのだろうか。多くの障害児やその親たちが、その壁の前で立ち止まる。教師も、特別な理由によって障害児学級に在籍するようになった子どもたちは、通常の教育には移籍できないと考える者が多い。管理職も認めたがらない。

その大きな要因は、通常の教育の側で、障害児を閉め出してきたことである。また、障害児教育の側がみずからつくってきた閉鎖性の問題もある。学級を開かない、何をしているかわからない学校・学級をつくってこなかったか。もっと日常的に交流や共同学習が行なわれ、特別支援学校の居住地交流が円滑に実施されていたなら、状況は変わっていたであろう。

この両者間の高い壁を崩すために私が行なった試みについて、次の章からは述べていく。

［注］文部科学省の「特別支援教育資料」によれば、盲・聾・養護学校、特殊学級、通級指導教室に在籍する児童数は、二〇〇二年に二〇万七七六九人であった（小・中・高校の合計）。二〇一一年にはその数が、三四万六七三八人に増加している（盲・聾・養護学校は特別支援学校に、特殊学級は特別支援学級に名称変更されている）。

第2章　境界線を引かない学級へ
——特殊学級を開く

第1章で述べた障害児教育の深刻な課題に対して、私はその解決策を模索した。それは、特殊学級を校内の教職員に理解してもらい、協力を得るための体当たり的な取り組みであった。同時に、学校そのものを変革するための特殊学級からの提言ともなっていった。

特殊学級を開くこと

特殊学級のことを知ってもらう

一般に、教師や保護者には、特殊学級は何をしているかわからないところ、という印象がある。特殊学級のなかで行なわれている指導のあり方や生徒の状況が、外に伝わっていないのだ。少人数で内部がよくみえないために、きわめて閉鎖的な世界になってしまいがちである。

教師自身も、学級のことを広く知らせることから身を引く傾向がある。そこには、特殊学級の教員人事の影響もある。残念なことに、通常の学級を担任することができる教員が、特殊学級を担任することはあまりない。体育科教員が年配になって生徒たちと一緒に動けなくなったり、病気がちになったり、生徒たちに対して毅然と対応する気力に欠けてきたりした場合に、特殊学級担任になるというケースが少なくない。新採用の教員や臨時教員、非常勤講師が担当する場合もある。指導力のある教員が特殊学級担任になれば、「もったいない」といわれる世界である。

特殊学級の担任を務めていた私は、学級を積極的に校内に開いていくことを試みた。とくに心がけたのは、学級の取り組みや在籍生徒の情報を、全教職員に伝えることであった。

職員会議や学部会、企画会議等では、必ず議題を用意して会議にかけるようにした。少人数の特殊学級の議題に時間をとられることを嫌がる者もいたが、私は知らせることの意義を痛感していたため、露骨な嫌みにもめげず語り続けた。朝の打ち合わせでも同様に、発作を起こす可能性のある生徒がいるから見守ってほしいと伝えたり、特殊学級の行事への参加を呼びかけたりした。それは、特殊学級が校内に居場所をもつための取り組みであったが、同時に担任である私自身の居場所を求める取り組みでもあった。校内で孤立せず、理解者、支援者を得るためであった。

また、学級でさまざまな行事を計画し、それを校内にアピールした。美術や音楽の授業を公開し、専門の教師に飛び入りで指導してもらうこともあった。調理実習も何度も計画した。学級には家庭的に恵まれない生徒が多く、卒業と同時に就職する生徒も毎年いるため、弁当作りは卒業後の生活上必要なことだったのだ。ここには家庭科の教師の応援があった。そして多くの弁当を作っては、独身の教師に食べにきてもらった。

校長や教頭たちにも声をかけて、参加を依頼した。私はその学校で四代の校長、三代の教頭の下で働いたが、協力的だったのはわずかである。管理職の忙しさはのちに経験したことで理解できるが、顔を出して声をかけてくれるだけで担任も生徒たちも嬉しい。それができないのは、単に忙しさのためではなく、意識の問題なのだと思う。

私はその学校で、一一年にわたり特殊学級の担任をした。赴任した当初の雰囲気が大きく変わってきたと感じたのは、五、六年を経過した頃であろうか。学級行事に多くの教員が参加してくれるようになった。

川崎市立の中学校では、合同の行事として、連合運動会がある。市内五〇校のなかに、特殊学級が置かれている学校が三〇校ばかりあった。特殊学級の生徒は、校内運動会では種目によって参加できないことも多い。そのため、生徒の発達段階に合わせて開催するのが連合運動会であった。

この運動会については、事前に校内で説明していたこともあり、私の学校から多くの教員が参加して、生徒たちを応援してくれた。管理職も含めて一〇名以上の教員がきてくれたこともある。それだけ特殊学級のことが校内で理解されるようになってきた表れであった。

一方で、ある中学校が開会時間になっても到着しないため、途中で事故にでもあったのかと、大会事務局を担当していた私がその学校に連絡したところ、電話に出た教員がこの日に連合運動会があることを知らず、驚いたことがあった。その学校では、特殊学級の行事は全職員には知らされていなかったのだ。それが特別なケースでないとすれば、あまりに悲しい状況であった。

交流教育の推進

赴任したばかりの私は、特殊学級と通常の学級との交流教育の推進を訴えた。

その学校に交流教育がなかったわけではない。年度によっては一人くらいを対象として行なうこともあったが、校内ではっきりとは位置づけられておらず、実施されない年度もあった。特殊学級は少人数の生徒のために置かれているのだから、あえて交流などしなくてもいいという考えである。

だが、交流教育では、普段は小さな集団のなかで守られている生徒たちが、親学級の大集団のなかで授業や学級活動に参加することになる。これから社会に出て行くうえで大切な、自立心の育成を図る機会になる。同時に、通常の学級の生徒たちにとっても、障害のある生徒とのかかわりは、共生社会をつくる土台になるものと思えた。個々の生徒の状況によって参加できる授業や学級活動に違いはあるものの、参加可能なものを選んで、交流教育を推進しようとした。

しかし、交流教育は、親学級の担任たちから好意的に受けとられるものではなかった。第1章にも書いたが、各学級にはさまざまな問題のある生徒がいて、その指導だけでも大変なのに、障害のある生徒までは受けられないというのである。たしかに当時の川崎南部地区は、学校がいつ荒れてもおかしくない雰囲気があった。突っ張る子たちや不登校の子たちもいて、その指導に手を焼いている状態だった。そのため、交流教育はすんなりとはいかなかった。説得を続けてなんとか受け入れてもらったものの、学級で適応できなければすぐに戻すという条件をつけられたこともある。交流の回数を少なく限定されることもあった。

私は、交流教育をこの学校で定着させるため、個々の生徒の障害の状況や特性を親学級担任や教科担任にくわしく伝え、指導の参考にしてもらえるようにした。「個別指導計画」の作成である。このために「田中ビネー」や「WISC－R」等の心理検査を独学で学び、その結果を分析して、生徒の学習や行動のプロフィールをまとめた。また、日常の学習上の課題も行動観察から探り出した。たとえば、国語力は小学二年生程度で、四則計算は二桁の足し算で繰り上がりが困難、はさみの使用は時間がかかるが直線は可能、指示の理解は直接簡潔な言葉で受けた場合に可能、というような具合である。

私は後年、養護学校での教育にかかわることになるが、個別指導計画の作成があまりにずさんなことに驚かされる場面があった。目的意識が希薄で、いつまでに作成するという決まりがないのである。一年かけてゆっくり用意する学校もあり、保護者に開示しない学校もあった。中学校では、交流授業は学期開始と同時に始まる。親学級の教師たちは情報がなければ受け入れられないのだから、のんびりしていてはいけない作業である。

さて、中学校での交流教育が始まると、私は特殊学級の担任として、親学級の担任や教科担当の教師との情報交換を行なうようになった。やがて交流教育が軌道に乗り始めると、親学級に行く生徒たちから「交流が楽しい」という声が聞かれるようになった。最初は「行きたくない」という生徒もいたが、受け入れ先の教師や生徒たちが、障害のある生徒を迎えてくれる土壌ができていった。

それは、私自身が学校で受け入れられたということでもあった。「何をしているかわからない学級の教員」ではなく、一緒に教育活動をしている仲間として認められたのだ。

最後には、親学級担任の希望者が多くて調整するのに苦労したこともあった。ある年の忘年会では、参加者全員が特殊学級の生徒のことを話題にして盛り上がったこともある。さらに、これから特殊学級をどうしていくのがよいか、将来展望を語る会になったこともある。

この経験から、「学級を開く」とは、自分自身を開くことであり、全職員の一員になることだと知らされた。特殊学級への差別や偏見はなかなかなくならない。だが、それを声高に糾弾するのでは解決に至らない。教員のなかに入り込んで、一緒に取り組む姿勢があるからこそ、主張は聞き届けられると思う。

「情緒障害学級」の取り組み

新しい学級をつくる

特殊学級と通常の学級と間にある壁を、どのように乗り越えるのか。教育形態がまったく異なる状況のなかで、通常の学級との日常的な関係性がないために、特殊学級が孤立する場合が少なくない。私はそれを、学級や自分自身の開放という方法で乗り越えようとした。だが、所詮、少人数の学級の取り組みは、いわば「障害のある気の毒な子どもたちの活動」と、同情心から受け止められがちである。私は、学級の教育方針を大きく転換させることを考えた。

私は校内に、不登校や非行、集団活動が困難な者が多くいることに着目した。この生徒たちに安心できる居場所を与え、キーパーソンになる教師がいて、彼らにわかる授業を提供できたら、この状態から脱却できるのではないか。そう考えた。

学校調査では、不登校の生徒だけで二〇人にのぼっていた（当時は年間五〇日以上の欠席が基準）。また、非行を繰り返す生徒や、集団活動が苦手な生徒も多くいることがわかった。

私は校長に提案した。「情緒障害学級」を設置して、この生徒たちを指導したい、と。

校長はうなった。それができれば、一定の成果は出るかもしれない。だが、障害のある生徒たちとは別の学級であっても、合同で授業を行なう場面は出てくる。それでうまくいくのか。また、不登校や非行の指導には膨大なエネルギーを費やすことが必要になる。その負担は大丈夫なのか。最終的に、校長は実施を決断した。そして、「これはテストケースだから、無理はしなくてもいい」と言った。

それは私が赴任して、二年目の終わりのことであった。春休み、私は小学校に連絡をして、指導が困難な入学予定の生徒の情報を受けとった。情報提供を拒否する教員もいた。そんなことが可能なのかといぶかる教員もいた。

それから家庭訪問を始めた。障害のある生徒については、すでに何名か教育委員会から知らされていたが、その他に不登校や非行の経歴のある子どもたちの家を訪ね、保護者や本人と話し合った。

彼らは、最初は特殊学級に行くことに素直に賛同することはなかったが、時間をかけて話し合ううちに、了解へと変わるケースが出てきた。その際に私が必ず言った言葉は、「特殊学級は通過点。落ち着いて学校生活が過ごせるようになれば、通常の学級に戻す」ということであった。次の年度から、障害のある生徒とは別に、多くの不登校や非行の経験者が在籍することになった。

特殊学級が学校全体を巻き込む

私は一一年にわたり、その中学校で特殊学級の担任をした。一年目は、知的障害の生徒が四名だったが、徐々に生徒数は増加した。一一年間で指導した生徒数は合計一〇一名。課題別に挙げれば次の通りである。

・知的障害：三〇名
・肢体不自由：七名
・ＬＤ（学習障害）：一一名
・ＡＤＨＤ（注意欠陥多動性障害）：一一名
・不登校：四二名
・非行：二二名
・通常の学級に在籍したまま指導した者：一八名
・通常の学級に戻した者：一四名

・ＬＤの診断を受けた生徒は二名であるが、心理検査での結果からＬＤが疑われた生徒は七名である。

・通常の学級に在籍したまま指導を行なったのは、親が在籍を希望しないが生徒本人が望んで授業参加したケース、また訪問教育で通常学級や他校の生徒を指導したケースである。
・通常の学級に戻した生徒は、不登校や非行などの「不適応状態」の改善がみられたケース、LD、ADHD等の障害があっても軽度で通常の学級での授業が可能と判断したケースである。
・合計一〇一名のなかには、不登校と非行、知的障害と不登校等を併せもつ者がいる。
・その他、ここには数字上は表れないが、外国籍、虐待、捨て子、緘黙、チック等、さまざまな課題のある生徒たちがいた。

「情緒障害学級」とは、本来は自閉症の子どもたちを対象にした学級を指す。それは自閉症が情緒障害と考えられていた頃のものであった。前述したように、この学級のなかに、不登校や非行、精神的な問題から起こる集団不適応の生徒たちを入れて、教育相談学級にしようとしたのが私の取り組みであった。

狙いはあたった。多くの生徒たちが、この学級でさまざまな「不適応」を乗り越えて、学校生活に適応できるようになった。

もちろん、その背景には、日常的な夜間の家庭訪問など、担任の努力があったが、何よりもそれを支えてくれる教職員の協力があった。それは、特殊学級の生徒数の増加に表れる「数は力」の原理が働いたからであろう。生徒数は三年後に二〇名、五年後に三〇名に達した。もはや少人数ではない。不登校や非行などの問題傾向のある生徒たちの指導を、学校組織のなかで特殊学級が担当していれば、校内の教員たちはさまざまな形でそれに協力せざるを得ない。特殊学級が学校全体を巻き込んだのだ。
以下では、このような学級でどのような取り組みを行なったのかを示していきたい。

不登校の指導

小学校から不登校の状態で中学校に入学した生徒、また中学校で不登校になった生徒を、合計四二名入級させて指導した（それ以外にも、通常学級の在籍者、他校の在籍者の指導にもかかわったが、記録が整備されているのは四二名である）。

そのうち、最終学年で欠席数が年間三〇日を下回れなかった生徒はわずかに四名である。ほとんどの生徒が入級後に不登校の状態から立ち直っていることが、欠席日数の減少に表れている。なかには小学校高学年で欠席日数が年間二〇〇日を超えていた生徒もいたが、入級後は落ち着いた登校状況になってきた。

一方、欠席日数が三〇日を下回ることができなかったのは、家庭状況や心理面の課題があり、指導が難しかったケースである。また、不登校から立ち直って通常の学級に戻した者が三名いるが、そのうちの二名は転校先の学校で不登校になっている。

これらの生徒のなかで、非行傾向をもつ者は一二名。小学校の段階から、あるいは中学校入学後に不登校と非行が顕著となった生徒である。不登校の生徒は、ただ学校に行かれないだけでなく、非行にもかかわっていくことが多い。

ＬＤまたはＬＤが疑われる生徒は七名。二名については病院で診断されていた。ＬＤの二次障

くない。

害として不登校が挙げられるが、学校への適応の難しさが不登校という形態で表れる場合も少ない。

　不登校の生徒のうち知的障害があるのは九名である。一九九七年の神奈川県の教育センターでの調査では、不登校の生徒の約一割に知的障害あると報告されているが、私の学級の場合には約二割にのぼった。この生徒たちの特徴は、小学三〜四年にかけて不登校が著しくなっていくことだ。彼らは一様に低学年での学力の積み重ねが十分ではなく、この段階で学習内容が難しくなり、同時に友だち関係も固定するようになって、不登校になっていく傾向が強い。保護者には、小学校時代の不登校の原因はいじめだとする意見が多くあった。たしかにいじめもあったかもしれないが、知的な障害があって通常の学級で過ごしていては、学習は難しく、友だちもできにくい。学校が面白くなくなっていくのは当然であろう。

　不登校の生徒四二名の入級時の学習到達度は、教科学習以前の状態から中学一年程度まで、幅広く分布している。小学校時代に不登校の経験のなかった生徒の学力が比較的高いのは当然である。小学三〜四年程度の学力の生徒が多い。入級時に比較すれば、卒業時には学力は一〜三学年分は向上する。それは個別の学習到達度を把握したうえで、それぞれに合った課題で指導する個別学習や、グループ学習の形態で行なう障害児教育の手法を用いるからである。通常の学級に戻らず、障害児学級に在籍したまま高校に進学する者もいるのは、こうした学習の成果によるものだ。

　序章に登場した他校在籍の生徒は、中学三年の九月の時点で児童相談所から依頼されたケースである。中学一年時に数日登校しただけで、家からまったく出られず、引きこもりになっていた。籍の移行はせず、翌年三月までに八三回の家庭訪問を行なった。家から出られない状況は少しずつ改善していったが、登校は一度もなかった。籍はそのままなので、他校の生徒を指導することになる。今日で言うところの「地域のセンター的機能」の役割である。特別なニーズ教育では、枠を外すことが大切だ。小学生を学級に入れて指導したことも、卒業生をそのまま継続して指導したこともあった。この教育には、規制緩和が必要なことだった。

この生徒のその後の経緯は、序章に記した通りである。人それぞれの生き方がある。子どもには、さまざまな課題があっても、適切な支援があれば乗り越える力がある。中学校の三年間だけで判断することは間違いだということをこのケースから教えられた。

不登校の指導は、障害児教育の手法を応用した段階的指導法で行なう。ここで用いる障害児教育の手法とは、①個別のニーズへの対応、②環境設定（キーパーソンや仲間のいる居場所づくり）、③当事者や保護者の計画への参画、④受容と共感による自己肯定感の向上、⑤交流教育の活用、⑥訪問教育による指導、⑦学校全体での共通理解、である。

とくに、交流教育と訪問教育は重要である。落ち着いてきた段階で、通常の学級との交流を開始し、状況を交流学級担任と確認しつつ、最終的に通常学級に戻すことを目指す。また、不登校生徒の家庭に出向いて、教員との関係づくりのための活動や授業を行なう。このような障害児教育の手法が、大きな成果をあげたと考えられる。

非行の指導

非行の具体的な内容は、万引き、窃盗、恐喝、不純異性交遊、家庭内暴力、売春、常習的な喫煙等であり、二二名がかかわっている。不登校をはじめ、さまざまな教育的ニーズのある生徒たちを入級させている学級なので、児童相談所や教育センターからの依頼で受け入れた生徒が多い。二二名のうち一二名がそうであった。入級当時から、毎晩見回りが必要な生徒も何人もいた。

実際に、学校での指導では効果があがらず、また家庭の支えもなく、教護院（現在の自立支援施設）に入院した生徒が四名いる。四名中三名が不登校を併せもっていたが、彼らの登校状況は入級前と比べれば大きく改善している。残りの一八名は、落ち着かない時期もあったが、徐々に学校生活に順応して、非行からは離れていった。

学級の指導のあり方にもかかわってくるが、一人ひとりを真正面から受け止め、共感的な対応をする障害児教育の理念に基づいて指導をした。子どもの非行を、その子自身の問題や責任だとせずに、その背後にあるものをみること、そしてそのような状況にならないように環境を整備することである。環境整備とは、友だち関係をつくること、学習の楽しさを教えること、何事にも相談できるキーパーソンとして教師が存在することである。家庭よりも家庭的な雰囲気をもつ学級のなかで、生徒が心を開くようになる。

不登校や非行傾向にあった生徒の、「こんな楽しい学級があるなら、日曜日や夏休みなんてないほうがいい」という言葉を思い出す。自分が大切にされていることを知った子どもは、もう不登校や非行には陥らない。この学級の特色の一つは温かさである。「みんなで家族」という雰囲気が、子どもたちを変える。

ある女子生徒への対応は最も象徴的なものである。彼女の非行は、私たちの手に余るほどであった。生徒指導担当が、情緒障害学級で指導できる生徒ではないから、警察と連携して指導したいと言った。私はその意見に反対した。警察に任せるのはいつでもできる。この子は私たちの生徒であり、私たちが最後まで指導をすると言い切った。不登校であれば教育センターに指導を依頼し、非行であれば警察に指導を頼むというやり方は、教育の放棄と思えたからである。学校教育は何があっても生徒を守ることを表明しなければならない。子どもとの信頼関係はそうやってつくっていくものだ。

彼女がＬＤであったことも関係している。人とのかかわりが極端に苦手で、家庭内にも大きな問題を抱えていた。非行に走って当たり前という環境にあったのだ。そのことを警察が理解できるのか。これは教育の課題なのだ。ＬＤの二次的な障害として、非行に陥る子どもたちが少なくない。彼女はその一人であった。

裏切られても一人ひとりを大切にする障害児教育の理念が、多くの非行の子どもたちの居場所をつくっていった。

在籍を柔軟にする

通常の学級と障害児学級の間にある壁を乗り越え、相互に支え合う教育には、生徒の学級の在籍が柔軟であるという特色がある。

現在の教育システムでは、いったん障害児学級に在籍が決定すると、さまざまな教育的ニーズが指導の成果によって軽減され克服されても、通常の学級に籍を移すことができにくくなっている。その点を決定的に変えるためには、年度内でも自由に学級を行き来できることや、それを受け止める学校の柔軟性が前提となる。

私の学級では、年度途中で籍の移動があった。年度途中での移籍は、通常の学級担任と特殊学級担任が、子どもの様子について日頃から情報交換や話し合いをもたなければできない。

具体的な例を挙げる。不登校の生徒が、指導の結果として登校がスムーズになり、さらに通常の学級との交流も安定してきた段階で、通常の学級に在籍を変更する。また、非行の状態にあった生徒が落ち着いて学校生活が送れるようになった場合や、ＬＤやＡＤＨＤ、人とのかかわりや集団適応に難のある生徒が学校に適応できるようになってきた場合も同様である。逆に、不登校が顕著になって通常の学級から特殊学級に移ってくる生徒もいる。

この学級は、学校生活に適応しにくい生徒たちの「基地」としての役割をもつ。その役目を果たすことができれば、生徒は通常の学級に戻っていく。通常の学級に在籍したまま、家庭訪問による指導によって、教育的ニーズに対応していく場合もある。

小学生が中学生に混じって学習したり、就職した卒業生が土曜日の授業に欠かさず出席するといった例は信じがたいかもしれない。しかし、教育において厳然と存在する境界線を取り払う柔軟性が、現在の教育のあり方を変革する第一歩ではないだろうか。また、生徒八名で一学級という規定を柔軟に解釈することにもつながる。

障害児学級担任が絶えず通常の学級に視野を広げて生徒たちの様子をみる、そして通常学級担任は生徒の指導について障害児学級の様子に関心を払う、という双方向性が、このような教育においては不可欠である。不登校や非行等、指導の難しい生徒の相談は日常的に起こる。私自身がすべての相談に対応するわけではなく、児童相談所や教育センターを紹介することもある。現在の言葉でいえば、特別支援教育コーディネーターの役割を果たすということだ。自分の学級だけにとどまらず、学校全体を視野に入れた学級運営が、多くの教職員の理解と協力によって行なわれた。

ある校長は職員会議の席上で、このような取り組みが学校全体を変えてきたことを教職員に話した。不登校や非行という通常の教育の課題に、障害児教育が取り組んできたことを評価してのことであった。

取り組みへの賛否とその後の展開

情緒障害学級での取り組みには、賛同と批判の両極端の反応が巻き起こった。特殊学級が先頭に立ってさまざまなニーズのある子どもたちを指導することで、障害児教育が通常の教育によい影響を与え、従来の教育を変える契機になるという賛成意見。他方、このような取り組みは障害児教育の領域を曖昧にし、同時に通常の学級担任から本来の教育を奪い、手のかかる子どもは特殊学級へ送ればいい、という発想が生まれるのではないかという批判。

学級がその成果によって知られるようになればなるほど、この取り組みに対する意見が数多く寄せられた。私は、批判はあたっていると思った。だが、特殊学級や障害児教育の現状を変えたいという思いのほうが勝っていた。

このような取り組みは、現在の特別支援教育の目玉である「地域のセンター的機能の発揮」の例としてとらえることができるだろう。地域ではなく、校内のセンターである。支援の対象を、特別支援教育のように障害児と発達障害児に限定するのではなく、さまざまな教育的ニーズのある子どもたちに拡大したものだ。

障害児教育についての専門性をもち、子どもや保護者と関係性を築くことに長けた教員は、不登校や非行などの課題のある子どもたちへのかかわりに関しても、通常の学級担任より適性があるのではないだろうか。私は今でも、中学校の生徒指導に最も適しているのは、障害児教育に専門性のある教員だと考えている。子どもの目線に立つことが自然にできるからだ。また、障害児教育の基本である、状況を的確に把握するアセスメント能力、個別の指導計画の作成、スモールステップの指導、保護者や関係機関との連携等は、生徒指導上の大きなツールとなる。

以上のような考え方や取り組みの成果は、のちに神奈川県の「支援教育」という形で結実していくことになる。

第3章　インクルーシブ教育の潮流
――特別支援教育と神奈川の「支援教育」

インクルーシブ教育への世界的な流れ

二〇〇七年に文部科学省によって実施された特別支援教育は、従来の障害児を対象にした特殊教育から、発達障害等のさまざまな特別な教育的ニーズのある子どもたちまでを対象にした、画期的な教育制度として登場した。それにより、障害の種類と程度によって教育の場を固定するそれまでの就学指導をより柔軟なかたちに変え、同時に、どのような場であっても一人ひとりの個別の教育的ニーズに対応することが求められるようになった。

この特別支援教育の背景には、国連やEU、OECD等が提唱しているインクルーシブ教育の考え方がある。障害の有無によって就学の場が異なる教育から、基本的に通常の学校で実施する教育への転換である。日本で長く実施されてきた障害のある子どもを分離する教育が見直され、障害当事者や保護者の意向が尊重される時代になったのだ。

文部科学省や各都道府県教育委員会では、障害のある子どもたちの籍を通常の学級に置くことで、インクルーシブ教育の推進を図ろうとしている。「普通籍」「二重在籍」と呼ばれる取り組みである。普段は特別支援学校で教育を受けていても、通常の学校に籍を置くことで、形式的ではない交流や共同学習の場を確保することが狙いだ。

この章では、インクルーシブ教育の理念、その推進にあたっての日本における課題や、神奈川県におけるインクルーシブ教育推進に向けての取り組みについて述べていきたい。

インクルーシブ教育の理念

インクルージョンは、みんなで助け合って生きる社会、すなわち「共に生きる社会」の理念である。それは、さまざまなニーズをもつ人々が、自然に支え合って生きる社会のあり方に共通するものである。

障害者をはじめ、外国人やホームレス、病人や高齢者、生活面での困難をもつ人々などを包み込み、お互いが助け合う社会が「共生社会」である。インクルーシブな社会では、「障害者」「障害児」という表現は使われなくなる。「障害」のレッテルを貼らなくても、自然に支え合い、さまざまなニーズのある人々を特別視することがなくなる社会である。

インクルーシブな教育とは、貧富、宗教、人種、言語、性別、障害など、子どもたちの環境的、個人的な背景のゆえに、排除されることがない教育である。世界にはそういった理由から子どもが学校教育を受けられず、また受けられてもその質が問題になるところが数多くある。

社会的排除は、子どもたちが生まれる前から始まっている。親の職業、貧困や生活環境、そして宗教や人種、あるいは性別にかかわる差別がある。社会的排除によって教育の機能が停滞し、成人してからもさまざまな社会的な不利益を強いられる。

インクルージョンは、国連がリーダーシップをとって推進している世界的な運動である。ある調査によれば、世界では一億二千万人の子どもが一度も学校へ行ったことがなく、他の一億人は、読み書きができるようになる前に退学するという。毎日八八〇万人の子どもたちが、貧困や疾病によって死んでいく。

「すべての子どもたちに教育を」の目標を達成するためには、世界全体で八〇億ドルが必要だとされる。この金額は、世界中の軍事費の四日分であるという。世界中で四日間戦争をしなければ、すべての子どもが学校に行けるのだ。

インクルージョンは、社会的排除の背景にある貧困と、社会的・教育的不平等を見据えて、社会正義や機会均等を要求する。それはすべての人が選択と自己決定の機会をもつことのできる社会や教育のあり方を示すビジョンである。

サラマンカ宣言

このようなインクルーシブ教育が明確に提言されたのがサラマンカ宣言である。

一九九四年、スペインのサラマンカにおいて、世界九二ヵ国、二五の国際組織の代表者が参加した「特別なニーズ教育に関する世界会議」が開かれ、この宣言が採択された。これは、「万人のための学校」、すなわち、個々の違いを尊重し、個々のニーズに的確に応じられる学校を目指すものであった。

その要旨は次の通りである。

・すべての子どもは誰であれ、教育を受ける基本的権利をもち、満足のいく学習水準を達成・維持する機会が与えられるべきである。
・すべての子どもは他の人にはない特徴、関心、能力と学習ニーズをもっている。
・そのような個々の特徴やニーズを考慮して教育システムを構築し、教育実践を行なうべきである。
・通常の学校は特別な教育的ニーズをもつ子どもたちに対して開かれていなくてはならず、個々のニーズに対応できるように子どもを中心にした教育の実践や配慮がなされるべきである。
・インクルージョンの理念をもった学校は、差別的態度と戦い、すべての人を喜んで受け入れる地域社会を築き上げ、万人のための学校を達成する。それは大多数の子どもたちに効果的な教育を提供し、究極的には費用対効果を高めるものとなる。

さらに、「特別なニーズ教育」の新しい考え方が次のように述べられた（抜粋）。

・インクルージョンの学校では、何らかの困難さをもった子どもと、できるかぎりいつも共に学習すべきである。

・特殊学校や特殊学級は、通常の学校・学級で教育的・社会的ニーズに応じることのできないことが明白に示される稀なケースでのみ、勧められるべきものである。

サラマンカ宣言では今後の教師像についても触れ、教員養成研修で障害に関する内容を扱うことや、障害のある教師を採用することなどを述べている。可能なかぎり通常の学校・学級で、しかも個々の教育的ニーズを踏まえた教育を行なうことがインクルーシブ教育の考え方である。

日本でのインクルーシブ教育の推進と特別支援教育

特殊教育の見直し

二〇〇一年一月、「二一世紀の特殊教育の在り方について」最終報告書が文部科学省から出された。そのなかで、今後の特殊教育は、障害のある幼児児童生徒の視点に立って一人ひとりのニーズを把握し、必要な支援を行なうという考えで対応を図ることが必要とされた。その基本的な考え方は、次のように記されている。

・ノーマライゼーションの進展に向け、障害のある児童生徒の自立と社会参加を社会全体として、生涯にわたって支援する。

・乳幼児期から学校卒業後まで障害のある子ども及びその保護者等に対する相談及び支援を行う体制を整備する。

・盲・聾・養護学校等における教育を充実するとともに、通常の学級の特別な教育的支援を必要とする児童生徒等に積極的に対応する。

・特別な教育的ニーズを把握し、必要な支援を行うため、就学指導の在り方を改善する。

・特殊教育に関する制度を見直し、市町村や学校に対する支援を充実する。

このような考え方に基づいて、就学指導のあり方の改善、特別な教育的支援を必要とする児童生徒への対応、特殊教育の改善・充実のための条件整備が提言された。このなかで最も特徴的なのは、就学指導の弾力化という点である。

障害のある児童生徒については、従来、学校教育法施行令第二二条の三に規定されていた障害基準にしたがって、盲・聾・養護学校に就学することになっていた。ところがこの就学基準は一九六二年に制定されたもので、その後の医学や科学技術の進歩もあり、必ずしも実態にそぐわない面も出てきていた。このため、盲・聾・養護学校に就学すべき障害の程度であっても、合理的な理由がある場合には、小・中学校に就学できることになったのである。

地域や学校の状況、支援内容を踏まえ、本人や保護者の意見表明の場を設けるべきとされたことで、障害児学校以外の道が開かれた。教育行政の一方的な判断による従来の就学指導から脱却し、通常の学校・学級に就学することも可能になったのである。

特別支援教育の考え方

「二一世紀の特殊教育の在り方について」最終報告書が出された後、二〇〇三年三月に「今後の特別支援教育の在り方について」の最終報告が出された。このなかでは、先の報告書に示されたLD、ADHD、高機能自閉症の実態調査に基づき、特別支援教育の理念と具体策が示されている。

特別支援教育の定義は次の通りである。

特別支援教育とは、従来の特殊教育の対象の障害だけでなく、LD、ADHD、高機能自閉症を含めて障害のある児童生徒の自立や社会参加に向けて、その一人一人の教育的ニーズを把握して、その持てる力を高め、生活や学習上の困難を改善又は克服するために、適切な教育や指導を通じて必要な支援を行うものである。

ここで注目すべきは、特別支援教育が、従来の特殊学級や盲・聾・養護学校の教育に限定されない、通常の教育の改革であるということである。また、障害児教育が蓄積してきた教育ノウハウを地域の小・中学校の支援に活用することによって、地域全体の教育力を向上させる「センター機能」を果たす。

そこには、今までの障害のある子どもたちの学校と通常の学校の間の壁を乗り越えて、共に地域の教育のために手を携えていこうという意図がみえてくる。また、特別支援学級の児童生徒を通常の学級に在籍させて、取り出しの教育を行なう「特別支援教室」の発想も明記された。日本におけるインクルーシブ教育への大きな第一歩とみることができる。

新たな排除

だが、第1章で述べたように、このようなインクルージョンの流れとはまったく逆の現象が現在の教育現場では起こっている。「個別の教育的ニーズへの対応」の視点から、特別な対応が必要な子どもには「特別な教育の場」が必要と考えられ、特別支援学校や特別支援学級に在籍する子どもたちが急増しているのである。

ここ数年、発達障害に大きな注目が集まり、日常生活にさまざまな支障のある子どもや大人に対して、発達障害の視点からの支援が求められるようになってきている。もともとは、学校生活や社会生活が円滑に送れない人々のための理解と支援という発想から出発している発達障害への取り組みであるが、発達障害の診断やその対応に重点が置かれた結果、個別の指導が重要視され、就学の場を特別支援学校・学級に求めるケースが多くなっている。

少し行動が変わっている、少し発達が遅れている子どもたちが、いったん発達障害の診断を受けて教育相談にかかると、専門家から、特別な対応をする教育の場が勧められる。知的な障害はなく、なかにはＩＱ一〇〇を超える子どもたちが、このような経緯で特別支援学校・学級に大勢入学・入級してくる。

ある年度には、神奈川県知的障害特別支援学校高等部一年生のうち、障害者手帳をもたない生徒が全体の二一・一パーセントに達した。障害者手帳については、特別支援学校への進学に際してその取得の推奨・説明がある。保護者の意向でとらない場合もあるとはいえ、不取得者がこれだけ多いということは、知的障害に該当しない生徒がいかに多いかを物語っている。

本来、通常の学級で共に学び共に育つ教育の推進こそが、特別支援教育の目指すべき方向であったはずである。日本の教育現場で、インクルーシブ教育に逆行する事態が生じている。

障害児教育では、「医学モデル」から「社会モデル」への転換に示されるように、従来の障害の医学的な診断に重きを置く考え方から、社会によってつくられた障害という理解、すなわち、障害者個人ではなくその人を取り巻く環境の整備に目を向け、活動しやすい状況を設定することが必要だと考えられるようになってきている。現在日本で起こっている「発達障害ブーム」は、障害を自己責任と見なし、通常の教育から排除しようとする道をたどっていると言わざるを得ない。

神奈川県におけるインクルーシブ教育の推進

画期的な神奈川県の教育政策

神奈川県の教育は、「共に学び共に育つ教育」の標語で知られる。

一九八四年、神奈川県総合福祉政策委員会は、今後の福祉政策についての提言を行なった。そのなかで学校教育について触れ、「障害のある子どもたちを完全に通常の学級で教育するという統合教育の考え方が、今後の基本的な方向として重視されなければならない」と述べている。ただし、統合教育の単純で機械的な理解や形式的な推進は破壊的な結果を生む恐れがあり、統合教育とは、教育関係者の努力と創意で可能性を追求するべき方向性、基本的な思想であるとされた。

この提言を受け、神奈川の教育の基本的な方向が「共に学び共に育つ教育」とされた。障害のある子どももない子どもも、お互いに助け合い、支え合って生きること、学ぶことを意図し、将来のノーマライゼーション社会実現を目指すものであった。

そのための具体的な施策がなされている。一つ目は、就学指導から就学指導（相談）への流れである。障害のある子どもや保護者の意思をできるだけ尊重することを意図して、従来の障害の状態によって振り分ける行政的措置ではなく、相談を経て就学先を決定する仕組みに変更された。「措置」ではなく、「相談」という位置づけとしたため、就学指導の機能は教育委員会ではなく教育センターに置かれた。これは、可能なかぎり通常の学校、通常の学級に就学させることを目的とするものである。

二つ目は、養護学校の高等部入学希望者の意向を尊重し、入学選抜では一人の不合格者も出さないように、養護学校高等部の入学枠の拡大を図ったことである。他県では、教育可能と判断された生徒のみを高等部に入学させることが普通である。そのことを鑑みれば、神奈川県の取り組みは画期的なものであった。

インクルージョン実現に向けた研究

神奈川県の障害児教育は、早くから統合教育を念頭に置いた教育施策を展開する一方で、専門教育の充実をも図ってきた。

私が一九九二年に第二教育センターに赴任した際の最初の仕事は、「通常の学級における個別教育計画基準編成の研究」にかかわるものであった。通常学級を重視した研究であったが、その路線は今日に至っても変わっていない。

「共に学び共に育つ教育」は、当初は障害のある子どもたちへの対応の模索として始まったものであるが、小・中学校の抱えているさまざまな課題を研究していくなかで、障害の有無にかかわらず、すべての子どもの個別ニーズに対応することの必要性が浮かび上がってきた。通常の教育や通常の学級のあり方に視点が向いていくのは、「共に学び共に育つ教育」の必然の結果であった。

一九九五年に立ち上げられた「教育上配慮の必要な子どもたちの教育のあり方研究委員会」は、第一次インクルージョン研究と命名され、障害児教育と通常の教育とを融合することが目指された。通常の教育には、教科指導の系統性や、地域との密着性という強みがある。一方、障害児教育には、個別ニーズに応じた対応、さまざまな専門家が多角的にかかわるチームアプローチの手法という強みがある。両者の強みを共有し、学校教育全体の質的向上を図ろうとするものであった。その研究の報告書では、「学校に子どもを合わせる教育ではなく、子どもに学校を合わせる教育」の必要性が結論づけられた。

第一次インクルージョン研究は理念的な研究であったため、具体的な施策につなげていくためには、実際の子どもたちの事例や学校の実態を調査する必要があった。そこで一九九八年、「インクルージョンの展開に向けた調査研究委員会」が発足し、第二次インクルージョン研究が開始された。

この研究は、①特別な教育的ニーズのある子どもにとっての現状の教育システムの機能、②学校での具体的な対応、③要望として挙げられていること、の三点に焦点化された。最終的に得られたのは、次のような結論である。

・特別な教育的ニーズのある子どもたちは、きわめて不十分な対応しか受けておらず、新たな教育システムが求められている。
・校内連携、外部資源との連携のため、キーパーソンを必要とする。
・特別な教育的ニーズのある子どもたちは、「教育資源の共有化」を必要としている。
・新たなシステムを求めるようになったことで、子どもに合わせて学校が変わりつつある。

第一次、第二次のインクルージョン研究に次いで、二〇〇〇年、より具体的な研究として第三次インクルージョン研究が始まった。「インクルージョンの展開に向けた地域教育資源ネットワークのあり方研究委員会」である。モデル地区に教育資源ネットワークを構築して、チームアプローチ等の支援システムを研究をするものであった。

この実践的な研究で明らかになったのは、校内コーディネーター組織を明確に位置づけることによって、チームアプローチを充実させ、問題解決を担任だけが抱え込むのではなく、学校全体で支援することが可能になるということである。校内のネットワークはコーディネーターによって構築されるが、次に必要なことは地域の教育資源を活用するためのネットワークづくりである。

このように神奈川県では、長年にわたってインクルーシブ教育についての研究が行なわれてきた。その基盤にあるのは、通常の教育と障害児教育の枠組みを超えて取り組むという方向性である。インクルージョンを念頭に置いた神奈川県の教育の試みは、今も継続されている。

神奈川の「支援教育」

私が神奈川県教育委員会にいたとき、文部科学省の特別支援教育構想がもちあがった。私はその担当者となり、国の新しい教育政策に対して、神奈川県の歴史と伝統を探り、独自の新しい教育を策定することになった。

私には、すでに構想はできあがっていた。中学校の特殊学級での教育実践から導き出されたものである。

学識経験者をはじめ、さまざまな分野の代表者からなる検討委員会の席上に、私の草稿が置かれた。「神奈川の支援教育」である。その概要は以下の通りである。

＊　＊　＊

子どもたちは、さまざまな悩みや課題をもって生きている。統計資料に示される、いじめ、不登校、暴力、中途退学等の数字の背景にあるのは、苦しい学校生活を余儀なくされている子どもたちの姿である。子どもたち一人ひとりの課題を「教育的ニーズ」としてとらえ、そのニーズに対応する内容と方法で働きかける教育が「支援教育」である。

日本の教育は、長く集団指導の形態をとってきた。それは集団意識や社会性を育てるうえで有効な手法であったが、今日、一人ひとりの子どもたちのもつさまざまなニーズへの対応が求められるようになってきている。個々のニーズに応える教育のためには、個々の教師を支援することが必要である。支援教育は、そのような教師を支えるシステムづくりを目指す。

この「支援教育」の背景には、ＬＤ等の特別な配慮を必要とする児童生徒の増加がある。また、国際的な教育の潮流であるインクルージョンの考え方の導入も図らなくてはならない。さらに、文部科学省による「特殊教育」から「特別支援教育」への転換がある。

特別支援教育に示されるＬＤ、ＡＤＨＤ等への支援は、従来の通常の教育と障害児教育の狭間で苦しんできた子どもたちに目を向けるという点では、おおいに評価できる。しかし、なぜ障害児プラスＬＤ、ＡＤＨＤ、高機能自閉症に限定されるのか、という疑問が残る。周辺の子どもたちを加え、支援を必要とする子どもたちすべてを対象に、個々のニーズに応える教育が展開されなければならない。

神奈川の「支援教育」は、国の特別支援教育は従来の特殊教育の延長あるいは枠内にとどまっているとの認識のもとに、その対象を「支援を必要とするすべての子どもたち」とする。この点が、特別支援教育との決定的な相違である。

「支援教育」の対象はすべての子どもたちであるが、まず取り組んでいかなければならないのは、障害、LD、ADHD、高機能自閉症はもちろん、軽度の病弱、心因性の不登校、集団生活や人とのかかわりが難しい子どもたちである。そこではたとえば、集団生活がどの程度苦手であるのか、というような基準はない。子どもの状況によって、どのような支援がどれくらい必要なのかが問われることになる。子どもの「困り度」に対応する支援が必要になる。

特殊教育から特別支援教育への転換にともない、文部科学省は「特殊教育課」を「特別支援教育課」に名称変更した。通常の学級に在籍する、特別な教育的支援を必要とする子どもたちに積極的に対応する姿勢を示したにもかかわらず、単なる名称変更だけで終わっては、特別支援教育は障害児教育の枠内、あるいは延長線上に位置するものにとどまる。この転換は、組織改革まで視野に入れた取り組みがなければ推進されない。

「支援教育」は、教育の場を問わず、子どもたち一人ひとりの特性や状況に応じて展開される。小学校、中学校、高等学校では、特別な支援を必要とする子どもたちの教育的ニーズの把握、指導計画作成、指導体制の確立等、校内の支援システムの構築が必要である。現在では、多くの学校に、教育相談部、いじめ・不登校対策委員会、学校課題検討委員会等が設置され、教育的ニーズへの対応が組織化されている。それらの組織の活用や再編成によって、担任一人が苦闘するのではなく、全校で取り組む姿勢をもち、その機能性を高めるといったことが大切である。また、教育委員会や教育センターの巡回指導、地域の教育ボランティア、養護学校の地域資源等、外部の教育資源の活用も有効である。

神奈川の「支援教育」は、障害の有無にかかわらず、さまざまな教育的ニーズのある児童生徒を対象にした取り組みである。それは障害と特別な教育的ニーズとを分ける立場をとらない。障害児と非障害児の間に境界線を引かず、個別の教育的ニーズを重要視する。

その意味では、「支援教育」は、特別支援学校や特別支援学級の改革に主眼が置かれているのではなく、通常の教育、すなわち小学校、中学校、高等学校の教育改革を目指すものであり、インクルーシブ教育を念頭に置いた教育改革である。

＊＊＊

部分修正はあったが、この構想の骨子は了解され、新しい神奈川県の教育政策が確定した。神奈川の「支援教育」構想は、各市町村、教育委員会で説明され、本格実施されていった。国の教育政策から「特別」を外した「支援教育」はさまざまな論議を呼んだ。各都道府県の担当者、教育関係者、研究者、マスコミ関係者、保護者や教職員組合等、多くの人々からの質疑応答が繰り返された。

神奈川県教育委員会は、この政策決定を受け、具体的取り組みに着手した。まずは教育委員会組織の再編整である。従来の義務教育課、高校教育課、障害児教育課の三課をまとめて、「子ども教育支援課」を立ち上げた。名称そのものから、それが柔軟な発想に基づくものであることがわかる。小・中・高等学校という縦割りを廃止し、子どもを支援するという構想である。初代課長には障害児教育課長が就任し、「支援教育」の推進が図られるようになった。この人事からも、神奈川の「支援教育」が障害児教育による通常教育の改革を意図していることがわかる。

さらに二年後、教育委員会の学校教育部長に、子ども教育支援課長が就任した。従来は、義務教育課長と高校教育課長が交代で担っていた役職である。教育委員会始まって以来、初めて、障害児教育の教員がトップに立った。これで、障害児教育が先頭に立って、通常の教育を改革する体制が整った。私は躍り上がって喜んだ。長い間の夢が実現しつつあると思えた。

繰り返しになるが、神奈川の「支援教育」は、その根底に障害者と非障害者を区別する発想をもたない。両者の間に決定的な境界線を引かず、個別の教育的ニーズに注目し、それを支えるシステムをつくるものだ。現在、この「支援教育」の推進によって、通常の学校と特別支援学校・学級の協働による取り組みが実施され、両者の壁が乗り越えられつつある。教育センターではインクルージョン研究が続けられており、地域支援センター協議会では養護学校、小・中・高等学校の相互支援機能の充実に向けての研究協議が進められている。これらの成果が結実し、支援教育の理念の根幹にあるインクルーシブ教育が実現していくことが期待される。

第4章　インクルージョンを目指す学校
——麻生養護学校での取り組み

モデル校の設立——反対運動を乗り越えて

新しい時代のモデル校に

二〇〇五年、私は教育長に呼ばれ、養護学校新設の担当者に任命された。

辞令を受け取る際、初代校長として、神奈川県の特別支援教育のモデル校をつくるようにと指示された。神奈川県には当時、四〇校ほどの養護学校があった。養護学校の過大規模化の時代にあって、これからさらに多く誕生していくであろう新設校だけでなく、既存の学校にとってもモデルとなる学校をつくる必要があった。

県立高等学校の一室が、「新設校準備室」として与えられた。そこで六名の同僚と一緒に、新設校のミッション・ビジョンの構築、地域に対する養護学校建設についての説明の計画等の検討作業に入った。

事前の教育委員会の担当者からの説明では、地域に養護学校建設への反対運動はあるが、徐々に落ち着いてきており、住民への説明という点ではそれほどの困難さはないということだった。ところが、状況は大きく変わっていた。

反対運動の矢面に立つ

新設校の置かれる地域には二つの町内会があった。そのうちの一つでは、町内会長が地域住民をみずから説得してくれたおかげで、反対運動は収まっていた。ところがもう一つの町内会では、建設工事に絡む騒音や振動のために、住民が結束して学校建設反対の声をあげていた。私はそのただなかに放り込まれた。

工事の振動によってガラス窓が壊れた家庭には、すでに謝罪と補償をしてきていた。しかしそれだけでは納得できない住民も多く、特別な補償を要求してきた人もいた。それには教育委員会の事務局が担当したが、町内会での説明は私の担当となった。

町内会館での説明会では、被害にあった人が中心となって、すでに工事が始まっているにもかかわらず、養護学校建設反対を訴えた。こんな静かで安全な町に、障害者が大挙してやってくる。子どもたちの安全は守られるのか。今までのように老人や女性が安心して町を歩けるのか。障害者は町で犯罪を起こさないのか。さまざまな理由を挙げて、学校建設に反対を訴えた。

私は、障害のある子どもたちは犯罪は起こさない。行動やコミュニケーションが上手にできないところもあるが、基本は普通の子どもたちと変わらない、と説明した。この「普通の子どもと変わらない」という部分に敏感に反応した人が多く、障害者は障害者で、普通の人とは違う、と声高に言われた。私は、地域には迷惑をかけないように努力するので、養護学校や障害児がこの地にくることを受け止めてほしいと訴えた。

地域の人々は、高等学校の跡地にくるのが小・中学校や大学であれば歓迎するが、障害児の学校は絶対に認めないという姿勢であった。それでも、工事差し押さえの訴訟を住民側が起こさなかったので、建設は着々と進んでいった。彼らはすでに要望書を教育委員会や県庁に届けていたが、それでも学校建設が撤回されることがなかったので、彼らも訴訟を起こしてまで揉めようとはしなかったのである。だが、反対の意思表示は続けるということであった。私は何回も説明会を開催し、地域で受け入れてくれるよう訴え続けた。

説明会では、地域の人々が障害についてほとんど理解していないことに驚かされた。精神障害者が起こす犯罪の事例や、精神障害者が病院や施設に入院・入所していることを引き合いに出し、なぜ障害者を学校に入れるのか、病院に入れるべきだという意見もあった。かつて自分は自閉症だったと語った芸人を例に、治る病気なら治してから普通の学校に入れればいい、と言う人もいた。障害者が犯罪者になる確率はきわめて高いと主張する人もいて、そうではないという私の意見は退けられた。いずれも障害についての無知、無理解から生まれるものであった。

戦い続ける決意

なんとか無事に学校が完成したとき、もうこれで反対運動はなくなると思い、ほっとした。だがそうではなかった。

新設校入学式の当日、反対する地域側の校門の前に、黒い大きな車が横づけにされ、門を通れなくなっていた。

朝早くにそれを見つけた私は、どうしたらよいか迷った。警察とテレビ局に連絡してこの状況を押さえさせ、このような行為をした住民を警察に指導してもらうことで、打開を図ろうかとも考えた。教頭とも相談したが、結局その策はとらなかった。もしそうすれば、学校への反対運動は急速に下火になるだろうが、その地域が障害者を差別する地域であることを全国に印象づけることになる。そのことの影響のほうが重大だと思えたからである。私は、車を置いた人が誰かを知っていたので、その家に行き、すぐに移動させてほしい、でなければ警察に訴えると言った。車は撤去された。

車による通せんぼを見た保護者は泣いた。どうしていつまでも障害者が理解されない社会が続くのかと。そのとき私は悟った。私は地域の反対運動を正面から受けたが、その苦境に一時的に立つことはあっても、いつかこの場を離れれば解放される。だが保護者は、子どもが生まれたときから、ずっとその差別や偏見を一身に背負い続けるのだ。教師のように途中で投げ出すことはできない重荷を負って。

保護者が受ける苦難を一時的にせよ負った私は、もうこのことから逃れることはできないと思った。差別や偏見、排除に対し、一緒に戦っていくのだと。

生徒の事故、そして謹慎

学校建設が終わり、日常的な教育活動が平穏に過ぎていった。学校への反対を表だって言う人は少なくなっていった。だが、根っこにあるものが思い出したように火を噴くことがあった。

開校して半年後、強度行動障害のある高等部の生徒が地域で散歩している最中に事故は起きた。この生徒は自閉症で、他者への不適切な行動が幼少時からあり、小・中学校、養護学校でも指導が困難な生徒であった。保護者は、専門性の高い教員と指導システムが充実している本校なら教育が可能ではないかと、市内の養護学校から転校させた。今までの学校教育では、社会参加も困難ではないかと思われる経緯があったからである。案の定、行動面で集団活動が困難で、生徒は教室へは入れなかった。彼のためにクールダウンする教室を用意して、担当教員も二名配置した。

事故は、生徒が散歩中、公園のブランコに小さな子どもと座っていた若い母親の髪を引っ張り上げたというものだった。すぐに病院へ連れて行ったが、全治一週間の打撲と診断された。

私と教頭は夕方、女性の夫が帰ってくる時間に謝罪に向かった。そこでは親族が何人か私たちを待ち構えていて、正座して謝罪をする私たちに向かってこう言った。「何だって犯罪者の学校をつくったのだ。だから障害者の学校に反対したのだ。やはりつくるべきではなかった」。

私は頭を下げて謝罪を続けた。糾弾は延々と続いた。毎晩その場面が繰り返された。ついには教育委員会の課長も謝罪に出向いた。それでも彼らの怒りは収まらなかった。被害者の母親が恐縮して、私たちを気遣うほどであった。

私はその人たちと約束をした。二度とこのようなことを起こさないために、しばらくは子どもたちを学校から一歩も出さないと。その謹慎は四ヵ月に及んだ。

この事故は教員の指導ミスによるものであり、言い訳は一切できない。指導が困難な生徒であれば、それなりにきめこまかな対応が必要だった。だから被害者側の主張を聞くしかなかった。だが、四ヵ月間の謹慎は、子どもたちから地域を奪うことになった。やっと地域に出て子どもたちに声をかけてくれる人々が出てきたのに、それを閉ざすことになってしまった。反対運動の側にいた町内会長ですら、そこまでやらなくてもと同情的にみてくれた。謹慎の期間は、子どもたちはもとより、教員にも保護者にもつらい期間であった。

インクルージョンを地域社会へ

校内に、ときどき迷い込む高齢の婦人がいた。認知症とみられ、目的もなくさまよっては、学校に入り込んできた。教頭が上手に話してお帰りを願い、校門まで見送っていた。

あるとき、私が彼女を校門まで送ることになった。その人の家が近くにあることを知っていたので、方角を指して「お家に帰りましょう」と声をかけた。

その場面を通りがかりに見た地域の人がこう言った。「役に立たないババアの面倒をみる学校か」。私を校長と知っての発言であった。カチンときたが、切れてはならない。

だが、私はそのとき思った。役に立たないと見えるものが本当は役に立っている。このことを示すのが養護学校だ。この人たちは、社会的に有用な存在であることが人間の価値と思う社会に、有用さでは測れない人間の価値を示している。人が助け合って生きる存在であることを、身をもって教えてくれるのがこの人たちではないか。本来の人間の姿に戻るために、私たちの前にある存在ではないか。それこそが、真の意味で「役に立つ」ということではないのか、と。

私は開校時の地域とのさまざまなトラブルを通して、保護者の苦しみの一端を知った。そして、自分が障害の意味をようやく理解できるようになりつつあることに気づかされた。不正義と戦い、声高に正義を叫ぶ戦士ではなく、苦しみ傷ついた人々と一緒に歩む同労者として生きようと思った。

新設校は、インクルーシブな地域社会をつくるという明確な目的をもって活動を始めた。

地域社会の変革に向けて

地域社会の変革を教育目標に掲げる

このような経緯で二〇〇六年に開校した神奈川県立麻生養護学校は、前述のように、神奈川県のモデル校として創立された学校であった。この学校の特徴は、特別支援教育の理念を念頭に置いた「個別の教育的ニーズへの対応」を重視した教育システムと、インクルーシブな地域社会の実現を目指した地域変革の取り組みである。

特別支援学校の使命は、障害のある子どもたちがその障害を乗り越えて、社会参加・自立することを最大限援助することにある。それに加えて、障害のある人たちを閉め出さずに、共に生きる地域社会づくりを推進することも重要な使命である。

従来の特別支援教育では、子どもたちへの教育が重点的に考えられてきた。インクルーシブ教育では、地域社会そのものを変革するための取り組みも求められる。現在の日本社会が、障害者にとって十分な理解や支援が得られない社会だからである。

麻生養護学校の教育目標には、「共に支え合う地域社会の実現のために、地域の活性化に貢献する」ことが掲げられた。地域住民が特別支援学校と協働活動を行なうことを通して、社会的な絆を拡大し、人権意識の向上を図ることを学校のミッションとして宣言したのである。

以下、インクルーシブ教育を地域社会で展開する具体的な理念と取り組みについて紹介する。これは、開設にあたっての地域での反対運動を念頭に置いたものである。養護学校建設への反対運動や障害者排除のない地域社会をつくり出していく、障害児学校の新たな取り組みであった。

共生社会のソーシャルボンドをつくる

「共に生きる社会」「共生社会」の標語はいたるところにみられる。強い者が弱い者を、もてる者がもたざる者を虐たげたり、圧迫したりすることを許容するのは前近代的な社会であり、人と人とが助け合い、支え合って生きる社会の実現を目指すべきであることは、多くの人が認めるだろう。しかし、現実の日本はそのような社会になっていない。

初代校長の私にとって、養護学校開校時の反対運動への対応が最初の、そして最大の課題となった。その後、地域を巻き込んだ学校の活動によって次第に理解者が増え、反対運動は下火になっていった。麻生養護学校が「インクルージョンを目指す学校」を宣言し、その取り組みを教育目標にまで掲げたのには、そのような背景があった。

養護学校を排除する地域社会とは、障害者だけでなく、高齢者や在日外国人、介助を必要とする人など、さまざまなニーズのある人々を排除する地域である。事実、十数年前にこの地域で老人福祉施設の建設計画が起こったとき、反対運動によってこの計画が潰れたこともある。

国連の「国際障害者年行動計画」（一九七九年）に「ある社会がその構成員のいくらかの人々を閉め出すような場合、それは弱くもろい社会である」と記されているように、人と人とが強い絆で支え合うことができない社会のあり方が、養護学校建設への反対運動に端的に現れている。助け合い、支え合うという互助の人間関係が希薄になり、地域社会そのものが成立しなくなっている。実際、地域の自治会の組織率は三〇パーセントにも満たず、養護学校建設反対以外では意思統一を図ることが困難な地域であった。

養護学校を排除するこのような地域だからこそ、障害のある子どもたちの学校から、お互いが支え合うインクルーシブな地域社会づくりに向けた発信と活動をしていくことが重要なミッションだと確信した。障害があろうとなかろうと、一人ひとりを大切にして助け合い支え合う養護学校の姿勢は、地域社会に大きな影響を与えていくだろう。

さまざまな活動を通して、地域の人々が養護学校にかかわることによって、子どもも大人も自然に障害のある子どもを支え、また自分たちも支えられて生きていることの実感をもち、共に生きることの意味を肌で感じ取るようになることを願って、学校づくりを進めた。支援を必要とする子どもたちの存在こそが、インクルーシブ社会実現の原動力であるという確信に基づいた取り組みであった。

地域変革に向けた具体的取り組み

麻生養護学校では、次の六点を地域変革の柱として立ち上げた。

・ボランティア養成講座の開講

地域住民がボランティアとして養護学校の活動に参画するための講座。障害特性を理解し、指導の知識やスキルを学ぶ。教育ボランティア（一芸のある人が講師となる授業）、授業補助ボランティア（授業補助として児童生徒とかかわり合う）、学校活動ボランティア（給食、移動、見守り等）に分類。

・人権支援センターの設置

地域の人権問題の相談窓口。相談の受理に加え、他の相談機関の紹介等のコーディネイトも実施。地域の人々を対象にした人権講演会の定期的な実施。

・地域ネットワーク協議会の設置

地域の諸団体を対象としたネットワーク協議会を設置して、地域の諸問題をお互いが確認し合い、支え合うシステムを構築。教育、福祉、労働、医療等の関係団体が、月一回の定例会で情報交換や支援を必要とするニーズを確認。共に支え合う地域づくりの拠点として、養護学校が役割を果たす。

・地域の保護者・教員を対象にした学習会の開催

地域の小・中学校・高等学校の保護者を対象にした教育学習会や、地域の諸学校の教員を対象とした学習会の定期的な開催。養護学校が教育相談の場であることの確認。

・地域支援センターの設置

特別支援教育の目玉である障害児教育の地域支援センターとしての役割を最重視した取り組み。地域全体の教育力の向上を目指す活動を支える専門スタッフの配置。地域支援の役割・意義とその内容について、校内や地域の諸学校の共通理解を得る。

・障害理解教育の推進

障害者との共生を目指す養護学校として、障害理解のための授業（幼稚園、小・中・高等学校、大学の児童生徒、学生、教員、保護者を対象とした校長による授業）や、養護学校の児童生徒との交流、共同学習の実施。

麻生養護学校の実践的インクルージョン研究

適切な就学指導のあり方とは

障害のある子どもたちの就学については、従来、学校教育法施行令に示された基準にしたがい、行政措置という形で割り振りが行なわれていた。特別支援教育が始まって、保護者の意向が尊重されるようになり、機械的な割り振りはなくなってきた。地域の学校を望むことが保護者の希望であれば、その意向が実現可能か否か十分に検討したうえで、就学先が決定される。市町村単位での就学指導委員会が一人ひとりの障害の状況や保護者の意向等を総合的に判断し、就学先を決定するシステムがとられるようになってきた。

保護者の意向を踏まえ、特別支援学校への就学が望ましいと就学指導委員会が判断しても通常の学校・学級を選択する場合もあれば、通常の学校・学級が適切と判断しても特別支援学校を選択する場合もある。いずれにしても、個々の教育的ニーズと保護者の意向の両者を客観的に検討し、就学希望の学校の状況も踏まえたうえで決定する。

また、就学指導委員会は、就学指導に基づく就学先の決定だけにとどまらず、いったん就学先が決定して学校に入学したそれぞれの子どもたちの適応状況を絶えず調査して、適切な支援や助言をする。場合によっては就学先を変更することを含めて、継続的な検討を行なうことになっている。

だが、この継続的な見守りや協議が、実際にはほとんど機能していない。結論からいえば、いったん就学先が決定すれば、学校での適応状況を鑑みて就学先を変更することは困難になっている。就学指導委員会の担う役割が実際には教育委員会や教育センターに委ねられるため、就学後の子どもたちへの対応は問題が生じた場合にのみ行なわれるのが実態である。さらにいえば、一般的に通常の学校と特別支援学校の間の壁が高く、子どもがその教育的ニーズの変化によって行き来する状況にないことが最大の問題となっている。

一度入級した特別支援学級から通常の学級に移籍するのは稀なケースであり、とくに特別支援学校に在籍した子どもが通常の学校へ転籍することはほとんどない。特別支援学校に入学した子どもたちには「障害の重い子ども」というイメージがあり、通常の学校では受け入れ困難と考えられているからである。

だが実際には、障害状況が安定し、とくに疾病の治療効果によって、通常の学校でも十分に適応可能と思われるケースも多い。「特別支援教育の対象者である障害児は、通常の学校・学級では教育が困難」という固定観念を解消し、このような子どもたちを地域の学校へ戻すための手続きや理解、特別支援学校の側からの支援等のシステムを具体的に構築する必要がある。

日本で行なわれてきた「隔離教育」は、通常の教育と障害児教育の間の壁を高くして、両者の交流や協働を妨げてきた。特別支援教育の時代となり、個別の教育的ニーズの視点から、教育の場を柔軟に考えることが可能になってきている。一人ひとりの教育的ニーズに対応するという特別支援教育の根本的な理念、できるかぎり制限の少ない教育環境で学ぶことを旨とするインクルーシブ教育の思想に基づき、特別支援学校と地域の学校との転籍は円滑に実施されることが望ましい。

以下、在籍児童を地域の学校に転籍する麻生養護学校の「移行支援」の取り組みの内容を紹介する。

地域の学校への移行に向けて

「特別支援学校在籍児童生徒の居住地の学区内小中学校への移行促進に関する研究」が、二〇〇七年度神奈川県教育委員会の「E提案」（学校の主体的な活動やさまざまな課題解決を促進するための学校独自の取り組み）に採用・予算化され、三年間にわたって取り組まれた。特別支援学校で教育成果が上がり、転学の可能性のある児童生徒の居住地の学校への転学を促進することが目的であった。また、さまざまな状況のなかで、本来は居住地の特別支援学級や通常の学級がふさわしいと思われる児童生徒について、転学に向けた支援を行なうものであった。

そのためには、転籍する生徒本人が居住地の学校環境に馴染むことができることや、本人の受け入れを居住地校の児童生徒、教員、保護者が理解することが重要になる。円滑な転学を推進するために、「居住地交流」のパイプを太くし、居場所としての居住地校の意識づけが図られた。

居住地交流については、本人の事情と居住地校の事情に応じて、さまざまな方法がある。毎月一、二回の授業交流もあれば、運動会や文化祭、合唱コンクールといった学校行事だけの参加もある。この居住地交流を丁寧に行なうことによって、本人の居場所をつくり、仲間関係をつくり、担任とのかかわりをつくっていく。

付き添いは特別支援学校の教員が行ない、事前に授業内容を受け取り、教材・教具も通常の学級で使用するものを準備しておく。一回ごとの反省を出し合い、次につなぐ計画を設定する。個人間の交流にせず、学校間交流や、小・中学校の児童生徒・教員に対する特別支援教育理解のための研修会・講演会の実施など、受け入れ支援体制づくりに心を配る。

特別支援学校の支援体制づくりや、関係機関との連携なども重要になってくる。たとえば、特別支援学校の地域支援担当者による交流の評価や、担任への助言、市教委や教育センターの職員による推進状況の把握などが不可欠となる。このように、さまざまな取り組みによって、地域の学校への円滑な移行支援が図られることになる。

移行支援の概要

この「移行支援」は、麻生養護学校に在籍している児童生徒が、教育的成果や医療的効果によって障害の状況が改善され、地域の学校への転学が可能となった場合に、居住地の学校への円滑な転学を促進することを目的として取り組まれた。また、さまざまな事情により養護学校に入学・転学したが、本来は居住地の特別支援学級や他校種の学校（盲学校、聾学校、高等学校等）がふさわしいと判断される児童生徒についても、移行支援の対象とした。

移行支援推進にあたっての重要な課題は次の三点であった。一点目は、障害状況の改善にともなって通常の学校での就学が可能となっていることを示す客観的なアセスメントである。これについては、地域の学校に十分に説明できるものでなければならず、医師の意見書、保護者の要望書、養護学校の意見書の整備が必要不可欠である。

二点目は、地域の学校への移行をスムーズに推進するシステムの構築である。神奈川県では、従来から「居住地交流」と称して、特別支援学校の児童生徒が、居住する地域の学校との交流・共同学習を強化するため、地域の学校に定期的に通学することを行なっている。居住地交流は、養護学校による支援はあるが、基本的には保護者の意向と付き添いが前提で、制度として整備されていても、保護者にも負担が求められるために十分な成果が出ていなかった。だが、この制度を活用し、可能なかぎり養護学校が支援を行なうことによって、移行支援を図ることにした。

三点目は、転学を促進するためには、通常の学校（小学校、中学校、高等学校）での特別支援教育の理解が前提となることである。そのためには、学校間の交流、特別支援教育の理解推進の研修会、児童生徒の交流会、さまざまな支援活動等が必要となる。

この研究は、神奈川県のモデル事業として、県教育委員会が特別の予算配備と人員の配置（担当教師）をし、インクルーシブ教育実践研究として行なわれたものである。麻生養護学校では、これを学校全体で取り組む重要な研究と位置づけて研究組織を立ち上げ、移行推進と移行した児童のフォローアップ体制づくりを図った。

具体的な事例

二〇〇七年一二月より試行的な取り組みを開始。その後二年間の取り組みの結果、近隣の小学校への転学者一名、さらに県立通信制高校への入学者一名の成果があった。二〇〇八度にはさらに二名、二〇〇九年度は四名が移行の対象となった。

ここでは、二〇〇七年度および二〇〇八年度の合わせて四事例について紹介する。

事例一——居住地の小学校特別支援学級への移行支援

〈児童の障害状況〉

軽度の知的障害とてんかん。投薬効果により発作はほとんど出ない。言語による指示に十分したがえる。自分の意見や感情を言語で適切に表出する。周囲の友だちや教員との会話を楽しむことができ、集団活動にも積極的に参加する。

小学二年生までは地域の学校の通常の学級に在籍していたが、てんかん発作が頻発し、服薬調整のためてんかんセンターへ入院した。退院後は発作の見守りが必要との判断で、養護学校知的障害部門小学部に転学してきた。

養護学校では投薬効果があがって、一年間まったく発作が起こらなくなった。このため、本児の学習能力、コミュニケーション能力、社交的な性格から、小学校特別支援学級への移行支援の対象とし、本人、保護者の了解のもと進めることにした。

〈二〇〇七年度の経過〉

小学校と養護学校は近い距離にあり、学校間交流、居住地交流が非常に活発に行なわれていた。小学校内の研修会の講師を養護学校教員が担当したり、さまざまな教育相談や保護者の教育相談等も日常的に行なわれていた。また、もともと本児が通学していた学校であり、転学した後も継続的な支援ができる条件が整っていた。

だが、大きな壁が立ちはだかっていた。一点目は、小学校の校医がかつて頻繁に発作転倒を繰り返していた状態をよく知っていて、小学校への転学に強い反対意見を出したことである。二点目は、特別支援学級の担任の資質に問題があり、専門的な指導が期待できないことであった。一点目は、養護学校の校医と主治医の意見書を提示し、てんかんが好転していると示したことで解決したが、二点目の担任の指導力は外部からみても問題を感じるほどであった。そこで、転学に関しては小学校の全校的な理解と養護学校の全面的な支援が前提となると判断して、以下のような対応を行なった。
・交流の様子が小学校全体にわかるように、学校行事には可能なかぎり参加
・客観的なアセスメントを実施して、心理検査の結果と分析を報告書として提出
・小学校側と養護学校側の管理職同席のケース会
・養護学校校長による小学校教員研修会の実施
・養護学校校長による同学年の児童対象の障害理解教育の実施（二時間授業）
・同学年児童の養護学校交流授業の実施
・保護者の安心を図るため、小学校管理職と養護学校の担任との定期的な協議
これらの対応により転学が決定し、次年度より地域小学校在籍となった。
〈二〇〇八年度の経過〉
転校後のアフターケアを養護学校地域支援部が担当した。内容は以下の通りである。
・定期的な訪問。様子の把握と情報交換
・小学校の校内研修会の講師として、特別支援教育についての講義
・小学校担任に対する支援と助言（自閉症等の児童への指導のあり方等）
・小学校校長と養護学校校長による移行状況についての確認
〈移行による成果〉
・基礎学力の向上と知的好奇心の発達（読み書きや計算の学習能力の向上、作文や手紙等の文章の順序立て、文章の構成力の向上、通常の学級の授業にも積極的に参加するなど教科学習の拡大）

・発達指数の変化（移行後はグッドイナフ人物画で養護学校在籍時より高得点）
・情緒面での成長（仲間意識が芽生え、競争心や悔しさの表出）
・インクルーシブ教育の推進（通常の学級で授業を受けることから、通常の学級の友だちが特別支援学級によく訪れる）

事例二――県立通信制高校への移行支援

〈生徒の障害状況〉

知的障害部門中学部二年生。地域の小学校に通学していた本児は、場面緘黙のため周囲の児童との人間関係がとれず、孤立がちになり、四年生より不登校になっていた。知的には境界レベルであり、学習能力は高いが、地域の中学校に入学することは困難と保護者も市教育委員会も判断して、養護学校に入学していた。

〈二〇〇七年度の経過〉

中学部では欠席することもなく、毎日学習活動に参加し、周囲の生徒や教員ともコミュニケーションがとれるようになってきた。小学校に比べてわかりやすくゆったりした授業展開や、個別の配慮によって、学校生活を楽しむことができるようになったことが大きな要因である。少しずつ声での受け応えもできるようになってきた。

〈二〇〇八年度の経過〉

中学部卒業後の進路については、保護者も本人も最初は養護学校高等部という希望もあった。

だが、本児の学習能力や向上したコミュニケーション能力から、担任、保護者、本児との三者面談で高等学校進学を勧めると、考えてみると言った。二ヵ月後、高等学校進学を決定する。養護学校の教育課程で中学の三年間を過ごした本児は、高等学校という新たな環境への適応に不安もあったと思われる。だが、従来の温かく配慮される教育環境から新たな世界へ挑戦すると決意したこと自体、大きな成長と思われた。

その後、担任と進路指導担当は進路先の高校の情報を収集したり、見学したりして、具体的な進路先を絞り込み、単位制の高等学校への入学が決定した。

また、本児の受け入れについて、養護学校校長が高等学校校長との協議を行なった。

〈二〇〇九年度の経過〉

アフターケアとして、養護学校中学部の担任が定期的に家庭訪問をして「困り感」の確認等を行ない、必要な支援を受けられることを伝えた。また、高校の授業風景も見学した。高校は、登校予定日は欠席することもなく、周囲の生徒とコミュニケーションをとることはないが、それで困ることもないとのことであった。

障害ではないが、緘黙という特別な教育的ニーズのある生徒を特別支援学校で教育した後に、高等学校に進学させた事例であるが、小学校からそのまま中学校に進学すれば、小学校と同様の不登校に陥った可能性は高い。養護学校という個別の配慮が行き届いた教育環境が、学校生活を安定させ、コミュニケーション能力の向上につながり、これらの土壌のうえに高等学校進学への道が拓かれたものと思われる。

事例三——居住地の中学校特別支援学級への移行支援

〈生徒の障害状況〉

肢体不自由部門訪問学級在籍中学部二年生。脳出血による呼吸器機能不全。自己吸引、自己注入が可能。小学校一年生から病院の院内学級に在籍。気管切開のため音声言語による表出は困難。知的には問題はなく、年齢相応の学習が可能。

〈二〇〇八年度の経過〉

養護学校の施設訪問教育（病院内の学級）に入級。重症心身障害の児童生徒の教育を行なう学級では、同年齢の子ども同士のかかわりが乏しく、また十分な教科学習が受けられないという教育的ニーズから、居住地交流を開始した。その後、月二回の頻度で中学校特別支援学級に通学。他児の話しかけに身振りで応えるようになり、居住地交流を楽しみとするようになった。中学校の教員には、生徒の対応、障害の理解等をくわしく説明し、月一回の定期的な情報交換の機会をもった。

〈二〇〇九年度の経過〉

四月、中学校に対して、居住地交流の実施の依頼と同時に、今年度内の転学についての保護者と養護学校の意向を説明した。その段階では、中学校側では慎重に検討したいとの意見が出された。交流は月二回、通常の学級での授業に参加し、授業への積極性が評価された。一年目に比べると学級内の交友関係が広がり、質問に筆記で答えたり、ゲームに参加することもできるようになった。
七月に入所施設と協議を行ない、今までのバス通学から施設のマイクロバス通学に変更した。これにより、中学校までの急な坂道の歩行という困難が改善された。

〈移行に向けた取り組み〉

九月に本人・保護者と面談し、地域の中学校への転学希望の意思を確認した。一一月と一二月の二回にわたり、中学校、養護学校、地域の教育委員会が出席した転学に関するケース会を開催した。

本人・保護者からの強い転学の希望、養護学校側からの中学校でも十分にやっていかれることを示す資料、校医からの意見書が確認され、転学について協議が行なわれた。

中学校側からは、受け入れ困難という意見が出された。理由として、学校側の受け入れ体制ができていないこと、とくに気管切開で表出言語のない生徒への健康面の配慮では、看護師の常駐する養護学校に比べ不安があり、さらに転学しても中学三年の一年間だけで、その後の進路指導でも養護学校のようなきめこまかな対応が期待できないことの二点を挙げてきた。その後の意見交換も続いたが、最終的に転学の道は断念せざるを得なくなった。

中学校の校長との話し合いでは、特別支援教育の時代になって個別の教育的ニーズにどのように応えるのかが問われていること、柔軟な就学指導のあり方が求められることを指摘し、ある程度の理解は得られた。その後、教員研修会や地域支援という養護学校側のサポートが継続して行なわれるようになった。

この事例は、地域の中学校への転学を促進する取り組みであったが、最終的に目的は果たせなかった。だが、成果は次の二点と考えられる。

一点目は、居住地交流のシステムを活用しての交流が日常的に行なわれるようになり、転学が不可能となった最終年度には、地域交流の拡大が図られたことである。それまで月二回の交流が週一回〜二回へと増加し、さらに学校行事、学級行事への参加が容易に行なわれるようになった。

二点目は、この事例を通して、中学校と養護学校との密接な関係が成立したことである。転学はできなかったものの、インクルーシブ教育への理解が中学校に意識づけられたことは、今後の事例への布石となることを確信した。

なお、事例の生徒は養護学校中学部を卒業した後、通信制高校へ入学した。養護学校中学部から高等学校への進学は、事例として非常に少ない。養護学校での中学校への移行支援計画の成果であると考えられる。

事例四——小学校特別支援学級への移行支援

〈児童の障害状況〉

知的障害部門小学部五年生。自閉症をともなう軽度の知的障害。音声言語の理解・表出とも円滑であり、教科学習も下学年対応で可能。

〈二〇〇八年度の経過〉

児童の学習面での様子や学校での適応状況から、将来的に地域の小学校に戻す対象として考え、保護者にその旨を伝える。小学三年生まで地域の小学校の特別支援学級に在籍していて、麻生養護学校の開校と同時に転校してきた児童であるが、保護者が高い専門性のある養護学校の教育を気に入り、また児童の学習効果もあがっていることから、地域の小学校に戻ることに賛成ではなかった。とくに、小学校では自閉症の専門教育が行なわれないことが最大の理由であった。

しかし、同時に養護学校の教科学習の少なさにも不満をもっていた。それらを考慮しながら、居住地交流を拡大していくことにした。

〈二〇〇九年度の経過〉

保護者の転学に向けた意思表示が明確でないことから、小学校への転学はないと考え、卒業後の中学校への進学に向けた課題を探ることを目的に居住地交流を拡大することにした。前年度は月一回の頻度であったが、この年度では月二回に増やし、さらに学校行事や学級行事への参加を積極的に行なった。

小学校の特別支援学級担任と定期的な会議を行ない、学校での様子や課題について確認し合った。学習面では特別支援学級の児童に比べて遅れることもなく、美術や体育が得意で張り切って授業を受けていること、周囲の児童とのコミュニケーションも円滑にとれているとのことであった。

〈移行に向けた取り組み〉

養護学校小学部を卒業後、地域の中学校の特別支援学級に入級した。保護者は当初、仮に中学校に入学しても、養護学校の高等部に再度入学する可能性が高いことから、養護学校中学部を希望したが、最終的には地域で生きるために中学校を選択した。中学校の特別支援学級に小学校の友だちが何人も入学すること、担任が丁寧な指導をする教師であることを面接時に理解したことも理由である。

中学校側では、養護学校に在籍した児童が入学することに抵抗感はあったが、教育相談で児童の様子をみて、また養護学校の担任の話を聞いたうえで、中学校で適応可能と判断した。中学校側と保護者に養護学校からのフォローアップがあり、相談には随時対応すること、また中学校の担任には自閉症の指導について支援することを約束した。

小学校の特別支援学級から養護学校へ転学し、中学校の特別支援学級に入級して、卒業後に再度養護学校高等部に入学した事例である。養護学校での一貫した系統性のある指導のほうが望ましいのではないか、という考え方もあるだろう。十分に小学校の特別支援学級でやれる可能性のある児童が、新設の専門性の高い養護学校の開校に魅力を感じて転学したことをどう判断するか、という点も議論があり得る。

私は、通常の学校での指導が著しく困難と思われる子どもについては、養護学校へ入学することが自然であると考える。だが、地域の学校の専門性のなさが養護学校への入学の理由であるならば、地域の学校の教師の専門性の向上のために、養護学校が支援することが本来の筋道と考える。行政側のサポート（特別支援学級担任者会の充実等）も必要である。養護学校の支援の目的は、地域の学校に在籍する児童生徒を養護学校に転学させることではなく、地域の学校にスムーズに適応できるようにすることにあると考えるからである。

＊　＊　＊

特別支援教育は、二〇〇七年、従来の特殊教育のあり方を根本的に変えるものとして登場した。だが、その開始から八年を経た今日、当初意図された状況とともに、予見できなかったマイナス効果も生じていることに気づかされる。

プラス効果としては、発達障害等の児童生徒への関心が高まり、適切な対応が図られるようになってきたこと、通常の学校で特別支援教育への理解が促進されたことである。一方、マイナス効果としては、さまざまな教育的ニーズのある児童生徒に対する関心の高さとそれにともなう指導の困難さによって、特別支援学校・学級に入る児童生徒数があまりに増えたことである。

この章で紹介した麻生養護学校での取り組みは、地域の学校で十分に教育が受けられるにもかかわらず養護学校に入学した児童生徒や、障害や疾病が改善・克服されたことによって地域の学校に戻れる可能性のある児童生徒を対象に、地域の学校に移行させることを目指したものである。特別支援学校と通常の学校との間にある高い壁を乗り越えて、教育的ニーズを見据えた柔軟な就学体制の構築が求められる時代となっている。特別支援教育のマイナス面を払拭し、本来の教育のあり方を養護学校の側から提案したこの取り組みの成果は、今の時代だからこそ大きな意義のあるものと考えられる。

第5章　芸術は障害を超える

芸術活動のもつ意義

特別支援学校では、児童生徒の教育的ニーズや学校の置かれた地域性を考慮して、教育課程を編成することとされている。児童生徒を取り巻くさまざまな環境的要因に配慮し、保護者や地域住民の要望、さらには時代的要請などを盛り込んだ教育目標を設定することが望まれる。すなわち、教育のもつ普遍的な価値の実践を踏まえつつ、一方で学校独自の教育を展開することが期待されている。

私が二〇〇六年に、神奈川県の特別支援学校のモデル校として開設された麻生養護学校の初代校長となったことはすでに述べた。ここでは、そこで展開した独自の教育の一つである、特別支援学校として全国で初めて高等部に設置した「芸術コース」について取り上げる。

障害児にとって美術、音楽、工芸といった芸術活動は、教育課程のみでなく、卒業後の福祉施設においても重要な位置を占めるものである。そのような芸術活動を特殊学級（今でいう特別支援学級。この章では以降「特別支援学級」「特別支援教育」に統一する）や特別支援学校高等部の教育に取り入れた意図や、八年間の教育実践のなかでみられた教育的成果について改めて検討してみたい。また、特別支援学校での教育実践だけでなく、インクルージョンの理念からみた芸術活動の意義についても考察したい。

これには、次のような理由がある。開校以来、全国から教員をはじめとする関係機関の人々が学校見学に訪れた。そのなかには、文部科学省や厚生労働省の調査官もいた。彼らは芸術コースを見学した後、このような活動は社会自立を目指す障害児の教育に必要なものではないのではないか、と発言した。障害者にとっては、就労や自立のために労働意欲や体力を培う教育が本筋であり、芸術活動の取り組みは不要ではないかというのである。障害者にとって、芸術活動が教育的な意義においても社会自立のためにもきわめて重要であるという主張は認めてもらえなかった。

芸術科目は、一般大学の入試科目から外されていることも多い。従来から教育現場においては、基礎教科（国語、数学等）に比べて、重要な教科と認められていない傾向がある。障害者にとっても「癒しの活動」や「余暇活動」と位置づけられるため、その活動の本来的な意義は十分に認識されていない。芸術活動が人間形成のうえで非常に重要であり、教育上も必須であるということが、一般的にも障害児教育の専門家の間でも、十分に認識されていないのである。

その背景には、知育教育の偏重、そしてその根幹にある受験教育がある。芸術コース設置に対する疑問の根底には、文部科学省や厚生労働省における、また一般社会における芸術活動への無理解や低い評価があるのではないかと思う。

さらにいえば、芸術活動の重要性が認められたとしても、卒業後の企業就労や、福祉施設での作業活動を円滑にするための教育のほうが障害児教育の高等部段階では重要だ、という考え方は、「働くことのできる障害者への教育」という画一的・固定的な教育観を想起させる。「障害者の自立・社会参加とは、まず社会に出て働くことである」という考え方は、障害者の多様な生き方や、社会参加のあり方の柔軟性を認めないことである。社会全体の多様な価値観に基づく生き方や職業選択、社会参加が広く認められるようになったこの時代に、障害者だけは社会に出て働くことがすべてだということなのだろうか。インクルージョンの理念に照らしてみれば、このような障害者観の根底には、障害者を一定の枠のなかに押し込め、一人ひとりの多様な生き方を切り捨てる考えがあることがわかる。

かつて、「愛される障害者」の育成が実践された時代がある。社会に出て、みんなに愛される障害者に育てることが、当事者の幸せになるという考えから生じたものである。そこでは、挨拶運動の強化、人に迷惑をかけないモラルの向上などが説かれた。対面者と目を合わせられない子どもが、直立不動の姿勢をとらされ、腰を深々と折って礼をすることが推奨された。意味もわからず、ただ機械的に社会に合わせようとする「愛される障害者」づくりは、当事者の意思の尊重とは無関係に、ただ非障害者の社会に合わせる目的で行なわれた。

このような教育はやがて、本人の意欲や生き方を無視するものとして消えていった。文部科学省や厚生労働省の障害者に対する基本的な考え方は、現在でもこの「愛される障害者」と同じ発想を根底にもっていると思えてならない。

障害者にとっての芸術活動

文化庁の方針や教育基本法、学習指導要領には、芸術活動によって豊かな人間性を育むことの意義が記されている。それぞれの人生のなかで、教育機関などで身近に触れた芸術活動が、人間性の重要な基礎を作り上げるとされる。

一般的に、教科教育には知的な理解が多く求められる。一方、芸術活動には、情操的な資質や、自己の内側にあるものを表現しようという強い情動的なモチベーションが必要になる。自己の内的な世界を外部に発現していくことを促すことは、教育内容としてきわめて重要である。社会でも学校でも言葉による表現活動が中心を占めているが、言葉以外の表現活動が心を育てる。美しいものを見たり、驚いたり、心が震える感動を体験したりすることが、人を真の意味で豊かにする。そこには障害のあるなしは一切関係がない。

芸術活動を取り入れた学級での成果

綿箱づくりの取り組み

私は中学校の特別支援学級の担任になったとき、まずこの子どもたちの表情を変えようと思った。座席に座る生徒たちがみな一様に暗い表情をして、なかにはうつむいたまま、顔を上げることのない子もいたからである。何よりも、学校にくることが楽しいと思える指導をしよう。そのような教師になろうと考えた。個別の指導計画をつくり、一人ひとりの課題を明確にして授業を行なった。

特別支援教育には、児童生徒の障害の状況に合わせて授業づくりができる「教育課程編成の特例」がある。作業学習と物の操作技術の向上という日常生活の指導を合わせ（教科・領域を合わせた指導）、美術の授業を設定した。週一回、二時間の美術の内容は手芸であった。私が地域のある人に伝授された「錦箱」の制作である。

錦箱は、六面体の台紙の上にリリアン（手芸用の紐）を巻き付けて、模様や配色に工夫を凝らした手芸品である。制作手順は決まっているが、リリアンの色の組み合わせや模様に生徒の独創性が発揮され、見た目に美しいものになる。幼稚なものではなく芸術性の高い作品として、中学生の課題にふさわしいと考えた。

この錦箱の制作には、台紙の厚紙に六面体の展開図を作図し、それをはさみで切り抜き、カッターナイフで溝を入れる作業がある。したがって、定規やコンパス、はさみなどの使用法を学ぶことが必要になる。障害の状況によって個人差はあるが、一学期はほぼ道具の使用の練習に当てる。毎年継続しての授業なので、二、三年生は最初から錦箱づくりに入っていく。三年間かけて習熟度を上げ、単なる工作ではなく芸術性のある手芸作品に仕上げていくのである。

できあがった作品は毎年文化祭に出展し、校内に飾って特別支援学級紹介の一助となっていた。また、文化祭では鑑賞にきた生徒たちと一緒に錦箱をつくるコーナーもあり、交流にも役立てていた。

大きな成果をあげた事例

錦箱づくりを指導するなかで生まれた特筆すべき事例を以下に紹介する。

一人目は、緘黙と不登校で学級に入ってきた女子生徒。小学校のときから母親とだけしか話をしない。不登校でもあり、児童相談所の紹介で私の学級に入級してきた。だが中学生になってもまったく話をしない。教師ともクラスメイトとも話さない。

私は彼女がなんとか話ができるようにと、さまざまな方法を試みた。私と二人で絵本を読んだり、クイズに答えたりすることに挑戦した。だがそれは彼女に負担をかけるだけになり、彼女の不登校はさらに深刻になった。教師と一対一で向き合わせることは、いっそうの心理的負担を与えるだけであることに気づいた。そこで彼女をさまざま配慮してくれる友だちと交換日記をさせたり、電話をかけさせたりした。しかし、好ましい結果は出なかった。

美術の錦箱づくりでのこと。彼女は手先が器用で、配色や模様に独特の美しさのある作品をつくっていた。授業では、生徒たちは集中すると無言で作業に没頭する。あるとき、夢中になって作業している彼女に、隣の生徒が「この線はもっと濃いほうが目立つよ」と声をかけた。すると、瞬間的に彼女が「これでいいの」と答えたのである。

そう言った彼女を周囲の生徒たちが驚いて見つめた。初めて彼女がしゃべったのだ。小柄でかわいらしい顔の割りには、太い声であったことにも驚いた。みんながわーと言った。彼女は瞬間的に口に手を当てた。第一声を発した彼女が普通に話せるようになったのは、それからしばらく後であった。

能面のような表情で、感情すら表出しない緘黙の生徒の頑なな心が、手芸品づくりに熱中するあまり、打ち破られたのだ。「芸術は障害を超える」を実感した瞬間であった。


二人目は、重い知的障害の男子生徒。簡単な言葉は理解するが、指示言語の理解は難しく、表出言語もあまりない。しかし、とても明るく、人なつこい性格で、生徒だけでなく教師たちからも好かれていた。この子がいたずらにあったときには、他の教師たちが私より先にいじめた子たちを厳しく指導することもあった。

綿箱づくりでは、作業手順や道具の使用は彼にとっては難しく、なかなか上達しなかった。

ある三年生の女子生徒が、彼の面倒をみるようになった。複雑な家庭状況から家庭にも学校にも居場所がなく、不登校と非行を繰り返していた生徒だった。私は彼女に、学校生活を楽しく送るためにと声をかけ、私の学級に入ることを勧めた。最初はなかなか納得しなかったが、最終的に入級を了解して入ってきた。夜間は家族がいないため、夜遊びを繰り返していて、その指導に手をとられることも多かったが、徐々に落ち着いて登校できるようになった。そして、知的障害の一年生の世話を自分から進んで行なうようになったのである。

女子生徒が彼に、作業手順や道具の操作を根気強く教えた。そして男子生徒は、文化祭までには独力で錦箱の制作ができるようになった。彼は完成した錦箱を、いつもかわいがってくれる体育教師にプレゼントした。体育教師は三学年の主任をしていて、錦箱を進路指導のお守りにすると職員室に飾った。

文化祭当日のこと。作品展示と同時に「お試しコーナー」が設置されていて、そこでは特殊学級の生徒たちが錦箱づくりを一般生徒に教えていた。驚いたことに、そのコーナーで教えているのは、その男子生徒だった。言葉のない、知的理解に困難のあるその生徒が、言葉ではなく身振り手振りでつくり方を教えているのだ。

錦箱のつくり方を理解した彼は、それを人に教えられるほどに自信をもったのだ。この様子を見た私は、芸術活動は障害のあるなしを超えて、一つの活動をまったく平等に行なうことができる、否、教える立場に立つことさえも可能にすることを知った。多くのことはできないかもしれないが、確実にできるようになったことは、人に対して教授できるほどの強い自信になる。

彼は教科学習は難しいことが多かった。しかし、どんなことにも自信をもって取り組めることが、生涯の財産になった。彼は特別支援学校高等部を卒業した後、塗装工場に勤めて二〇年になる。

三人目は、知的障害でダウン症の女子生徒。彼女は小学校の通常の学級を卒業して、中学校の特別支援学級に入った。小学校までは、統合教育の意義を重視して通常の学級に在籍したが、卒業時に今までの教育を振り返ると小学校では身につけるものがあまりに少なく、社会自立のために特別支援学級に入級することを決意したという。

実際に指導してみてわかったことだが、通常の学級で判断や動きの遅い彼女を指導しようとすれば、本人の意向を確認する前に教師が判断し、また周囲の児童に介助させるしかない。そのような六年間の結果として、自分でやろうとする気持ちが育っておらず、いつでも誰かが助けてくれるという人待ち・指示待ちの姿勢が身についていた。彼女は清掃時の着替えの際、立って手を前に挙げる姿勢をとった。脱がせてくれるのを待っているのだと気がつくまで、しばらく時間がかかった。

特別支援教育は、社会自立のために自分でできることをできるだけ増やそうとする。できないことには支援をするが、全面介助ではない。そのためにできるだけ独力で頑張らせる。この指導方針に彼女が抵抗した。指導を嫌がり泣き出す場面もあった。しかし、ゆっくりとやり方を理解させるようにすると、徐々に自分からやろうとする意欲が育ってきた。

錦箱づくりも一年目は道具の操作の学習で終わったが、二年目になると手先の不器用な点を教師が支援することで、なんとか完成させることができるようになった。三年目になると、自分一人で作成することができた。配色や模様については、自分で選ばせるようにしたが、この点では助言を必要とした。

中学校を卒業した彼女は、特別支援学校高等部に入学した。中学校卒業後の様子を知りたいと私が家庭訪問をすると、母親がダンボール箱を出して見せてくれた。学校から帰宅すると、彼女は毎日音楽を聴きながら錦箱づくりをしている。これがその作品だと、ダンボール箱いっぱいの錦箱を見せてくれた。これをしている間は、一人にしてまったく問題がないから、母親が自由に外出できるという。

錦箱づくりは彼女の余暇活動になっていたのだ。特別支援教育では、学校から社会へ移行することを前提に、社会に出る子どもたちに必要なものは何かと検討する。その内容は職業教育や身辺自立などであるが、重要なテーマの一つとして「余暇支援」がある。

障害があろうとなかろうと、自分の時間を興味関心のあることに用いて、生きていることの楽しさや充実感を味わうことはすべての人にとって大切なことである。障害のある人たちは、会社であれば仕事、施設であれば作業などで社会参加・自立をすることになる。その場所ではやることは決まっているが、家に帰った後や休日には何をするのかが決まっていない。夢中になれることに取り組むことは、自己表現に難のある人たちにとってはいっそう重要なことである。そのために、学校時代から余暇支援の内容を保護者と一緒に考えていく。

私は障害児教育に携わるなかで余暇支援が重要な課題であることは理解していたが、それは親子分離のためにも大切だということをこの事例から知った。いつでも傍にいないと心配だからこの子と離れられない、という保護者は多い。親がいなくても時間を自由に過ごせることは、その子の自立だけでなく、親の自立にもつながっていく。

自由時間を楽しんで使うことができるようにすることは、卒業後の目標ではなく、学齢期から必要なことなのだ。余暇支援の点からも芸術活動の意義は明白である。

最後は、脳性麻痺で肢体不自由の男子生徒の事例である。片麻痺で右手右足の動きがぎこちなく、歩行でも配慮を必要とした。登下校は母親が必ず付き添った。知的には大きな遅れはなく、指示にも適切に対応でき、言語表出も問題なかった。ただ一つ問題があった。極度の負けず嫌いなのである。

母親が入学時にこう言った。「この子は脳性麻痺で普通の子のようには動けません。しゃべり方も早くはありません。でも、一切特別扱いはしないでください。できるだけ厳しく指導してください。この子のこれからの生涯はもっと厳しいことが待っていますから」。そのような育て方をしてきた母親には頭が下がった。

あるとき、こんなことが起こった。バレーボールを使用したバスケットボールの試合を授業で行なった。彼はあまり動けないので、シュート専門ということで、ゴールの下にいて、ボールを受け取って左手でシュートするようにした。私の学級は障害のある生徒だけでなく、不登校や非行、学力低下、コミュニケーションに難のある者など、さまざまなニーズのある生徒が集まっていたため、運動そのものは何の問題もない子がいて、その子たちが体育の授業では中心的な働きをした。

ゴールの下にいた彼に、動きの速い生徒が接触して、彼が倒れた。あまりにひどい倒れ方に駆け寄ると、彼はすっくと立ち上がり、保護のために付けていたヘッドギアを片手で脱ぐと、それを床に力いっぱい叩きつけて一声叫んだ。「ちくしょう！」。怪我のないことに安堵したが、数日後に問題が起こった。

生徒と一緒に登校してきた母親が、私に「相談があります」と言う。時間をとって話を聞くと、内容はこうであった。「この頃、息子が夜になると私に向かって、『こんな体で生んでくれてありがとうよ』『こんな体なら生まれてこなければよかった』と繰り返し言うのです。私はただ『ごめんね』と謝るしかない。この子のつらさはわかっているつもりでも、自分が責められるとつらくて、どうしたらよいかわからない」。

私は、障害者への理解がない社会のなかで、保護者の大変さは理解しているつもりだった。しかし、ここまで親が責められていたのだ。

翌日、私は彼と話をした。母親からの訴えを率直に伝えた。そのうえで、どれだけ母親が君のことを心配し、励ましているかを語った。雨の日も雪の日も、腰痛もちの母親は必ず登下校に付き添い、倒れないように支えている。誰よりも君を大切にしている。その母親を責めてはいけない。母親が苦しむだけだ。障害の意味はまだわからないが、いつかは君にしかできないことが見つかるはずだ。それを求めて母親と生きていこう。

彼は泣き出して、涙とよだれが下に落ちた。彼はわかっているのだ。誰にも責めることのできない悩みを母親にぶつけている。母親も答えられないことを。

それから彼は大きく成長した。負けん気の強さは相変わらずだったが穏やかになり、やがて学級の中心となっていった。

この生徒が錦箱づくりに挑戦した。右手は使えない。左手も器用ではない。教師が台紙を支えてやり、彼はリリアンを巻き付けることにした。しかし、細いリリアンは彼の言いなりにならない。何度も何度も失敗をする。そのたびに台紙を床に叩きつけようとするが、その一歩手前で踏みとどまる。三年生になったとき、彼は教師の助けを借りず、独力でつくりあげることができるようになった。なんと、動かない右手で台紙を体に押しつけて、リリアンを巻くことができるようになったのだ。さらに驚くべきことは、不器用な左手ではリリアンをコントロールすることが難しいと考えて、ピンセットを使用して、丁寧に巻き付けるようになったのだった。

持ち前の負けん気と周囲の生徒たちの作品が、彼の意欲を高めたのであろう。片麻痺の生徒の作品を、私たちはみんなの前で褒めた。芸術は障害を超えるのだ。

＊　＊　＊

このような特殊学級担任としての経験から、私はコース制のなかに芸術コースを設置することが当然だと考えた。確実にできることが自信となり、みんなと取り組むことでモチベーションが上がり、それが社会自立につながっていく。作業技術や能力の向上ではなく、人間として生きるための自信や自尊心をつけることを芸術活動に託したいと思った。

麻生養護学校における芸術コース設置の意義

高等部におけるコース制設置の意義

一九九六年、文部科学省は「盲学校、聾学校及び養護学校の高等部における職業教育等の在り方について」をまとめた。そこでは「養護学校の高等部においては、生徒の障害等の特性などに応じた様々な職業教育が行われておりますが、近年の社会経済の変化、生徒の障害等の状態の重度・重複化、多様化が進む中で、生徒の卒業後の職業的な自立を最大限に実現するためのさらなる取組が求められて」いると述べられた。

一般に、障害のある場合の職業的な自立には多くの困難がともなう。とくに障害が重度でかつ重複している場合にはきわめて難しい。このため、養護学校等の高等部では、職業的な自立を図るために必要な職業に関する学科を設置したり、普通科のなかに職業に関するコースを設けたりして、障害の特性に応じたさまざまな職業教育を展開してきた。

とくに一九六〇年代になって、産業構造の大きな変化に対応することを目的に、高等学校が学校・学科の改革（再編・新設）に着手することが相次ぎ、多種多様な学科やコースが設置されるようになった。このような高等学校の流れを受けて、養護学校等でも職業科やコース制の設置が促進されるようになる。

一九九六年の文部科学省の職業教育に関する調査によれば、全国の盲・聾・養護学校九六七校のうち約七割にあたる六七九校に高等部が設置され、このうち一〇三校に高等部専攻科が置かれ、専門的な職業教育が行なわれていた。その多くは盲学校（保健理療科）と聾学校（産業工芸・理容・美容）である。知的障害養護学校高等部では、高等部のみを設置する学校の一部に農業に関する学科や工業に関する学科等が置かれているが、一般の高等部では、普通科のなかに職業生活や家庭生活に必要な知識・技能を身につける作業学習を設けて職業教育を行なっている。

二〇〇六年に開校した神奈川県立麻生養護学校が、神奈川県立特別支援学校として初めて高等部コース制を導入したのは、学校教育目標の一つに掲げた「社会参加・自立のために、一人ひとりの教育的ニーズに応じた教育を行ない、生きる力を育てる」ことが目的である。

高等部に入学する生徒のもっている課題は、かつてとは比較にならないほど多岐にわたり、指導が困難になっている。支援の内容や方法も、学校や教員だけでは対応できないことも多い。重度・重複化、多様化が進む一方で、軽度化や指導困難な事例も少なくない。「一人ひとりの教育的ニーズに合わせた教育」は、普通科のなかで一斉に取り組めるものではない。

高等部では、一人ひとりの特性や能力、興味関心、コミュニケーションの力などを見据えたキャリア教育も必要になる。そのなかに、進路決定のための職業教育がある。生徒一人ひとりの教育的ニーズとキャリア教育の視点から、普通科のなかにコース制を設置することが必要と考えられた。

麻生養護学校のもう一つの教育目標は、「自己選択・自己決定を尊重・育成する教育を行なう」ことである。当事者主権の観点から、障害のある生徒がみずから選び、決めることのできる人間を育成しようと考えた。

このような考えに基づき、麻生養護学校の高等部には、次の三つのコースが設置された。
○就業支援コース：就業を前提に職業教育を行ない、必要な基本的な力をつける。作業種には「食品加工班」と「環境整備班（清掃班）」がある。どちらもこまかな手順による作業であり、完成までの行程を理解して取り組む。
○表現支援コース（通称芸術コース）：さまざまな制作活動、表現活動を通して、自己表現能力を培い、自信のある人間に育てる。このなかにさらに音楽と美術のグループがある。

○自立支援コース：生活のニーズに合わせた指導を行ない、生きる力を育て、社会参加・自立を促す。作業種は、陶芸、農園芸、木工、染色などがあり、作業学習を通じて、生活力を培うことを目指す。

芸術コースの目指すもの

麻生養護学校の教育方針には、「自信や自尊心を育て、未来を切り開く力を育てる教育を行なう」ことも含まれる。

私は長く障害のある子どもたちの指導にかかわってくるなかで、子どもたちが自信がもてずに何事にも消極的であったり、指示待ちである様子を目のあたりにしてきた。彼らの多くは、能力の問題があって何事もうまくできないことや、人とのかかわりが不適切であったり、いつも叱られたり、注意を受けたりという状況に長く置かれている。そのために自己不適応感をもち、自信のなさにつながっていったものと考えられる。

障害のある子どもの教育の中心は、できたことをほめること、認めること、やればできることを心の底まで教え込むことである。できないことで劣等感に陥っている子どもが、できることの可能性を引き出すことで自信がもてるようになる。生きていることがどんなに楽しいかをわかってもらうことが、教師の最大の務めである。

そのために、子どもは障害があっても成長することを知り、子どもが指導を心から喜んで受け入れる教師であらねばならない。傍にいるだけで楽しいと思う雰囲気を作り出すことが大切である。何より、教師がこの子どもたちと一緒に学習すること、生きることを楽しいと思う気持ちがなくてはならない。

障害のある生徒たちが、芸術活動に夢中になって取り組む活動を通して、自信をもったり、人とコミュニケーションをすることの大切さを学ぶことができるのではないか。音楽活動では、みんなで曲を合わせることが大切である。人と合わせることを学ぶことができる。

全体の作品づくりでは、一人ひとりの役割がそのなかに位置づけられており、人と一緒に活動することの重要さを知ることができる。また、言葉のない生徒にとって、作品づくりや演奏活動は、自分のもっている思いを表現する手段になる。自分の意欲がそのまま表現されるのだ。

自由で楽しい雰囲気のなかでの芸術活動は、生徒たちを大きく成長させる。そのことを信じて、芸術コースを設置した。

NPOの協力を得て

学校開設前に、カリキュラムに芸術コースのあることを知ったNPO法人「ミュージックシェアリング」が、支援を提供したいと申し出てくれた。

ミュージックシェアリングは、国際的なバイオリニストであり、音楽家の社会貢献の意義を主張する五嶋みどり氏が二〇〇二年に立ち上げたNPOである。この団体は二〇〇六年に器楽指導支援プログラムを企画し、障害のある児童生徒の器楽指導支援に着手していた。

その活動の対象に、筑波大学付属桐が丘養護学校、横浜国立大学付属養護学校、そして神奈川県立麻生養護学校が選ばれた。音楽大学生や専門家が、週一回ボランティアで、器楽指導と音楽鑑賞会の演奏にあたってくれることになった。楽器の貸与もあり、学校側に負担のないようにとの配慮もあった。

筑波大学や横浜国立大学付属養護学校の生徒たちは、知的障害があっても比較的軽度である。本校のように重い障害、重度重複障害のある生徒に演奏が可能なのかと心配された。しかし、ＮＰＯの支援によって教員の意欲も上がり、全国初の芸術活動による教育の基盤ができていった。

アート音楽グループの取り組みと成果

表現支援コースは、表現活動を通じて自己を表現する力を養うことを目的としている。自分の好きな活動を継続して行なうことにより、物事に持続的に取り組む力や達成感を味わい、そのことが生活や学習するうえでの自信を培うことになる。

個別の指導計画で把握された生徒個々人の障害の特性や意欲、保護者の意向などを念頭に、授業展開を考えた。就業支援コースや自立支援コースの、生徒個々のニーズに応じた作業学習の展開もかなり意識して取り組んだ。他のコースはそれぞれ「就労」「社会自立」という明確な目標をもっている。同じ時間枠（週二日）で行なう表現支援コースも、その目的をしっかりと意識することが必要になる。表現支援コースでは、芸術活動を中心に据え、リベラルアーツによる人間の育成や、言語以外のコミュニケーション能力の養成という基本的な考えを常に確認することから出発した。

表現支援コースで行なったアート音楽グループとアート美術グループの取り組みのうち、まずはアート音楽グループの活動成果について述べる。

発表に向けて

アート音楽グループでは、当初の計画通り、ミュージックシェアリングとの提携によるバイオリンとフルートの器楽授業が中心となった。

まず、この二つの楽器に興味関心のある学生たちが、コース制希望アンケートによって集まってくる。とくに、「とにかく音楽が好き」なことがコース決定の要素となる。もちろん、音楽や楽器操作の能力に課題のない生徒は一人もいない。楽器がバイオリンとフルートということも難題となるが、好きだからこそ難しくても取り組めるという点は誰にも共通している。

高等部のコース制学習は、どのコースも進路指導につながる社会自立に向けた学習として位置づけられている。表現支援コースでも、進路を見据えることが繰り返し問われることに変わりはない。「ワーク（作業）」に対する「アート」という対比のなかで、「のこぎり（木工班）、スコップ（農園芸班）の代わりに、バイオリンやフルートを持つ」という発想で進めた。さらに、表現支援コース本来の目的である「表現能力を育成すること」を最重要課題として取り組んだ。

表現には、発表が前提としてある。発表の実現に向けての企画・準備を生徒たちと始めた。

麻生養護学校はインクルージョンを目指す学校としての理念をもち、他校では例のない知的障害部門と肢体不自由部門の生徒たちが一緒に活動を行なう場を設けている。このコース制の学習も、その形式をとっている。

肢体不自由部門の生徒は重度・重複障害であり、コミュニケーションに困難さのある者が多い。この生徒たちの指導には、器楽演奏のほかに、音楽療法的な内容が含まれる。毎回の授業で、教師陣（音楽グループの担当者、昭和音楽大学のボランティアの学生、ミュージックシェアリングから派遣された東京芸術大学のボランティア学生）による美しい音楽を聴くのである。音楽活動に対するモチベーションの向上や、美しいものに触れることで情動を揺さぶられる経験が得られる。

研究授業では、文化祭で発表予定の「キラキラ星」と「ボレロ」の合奏練習を行なった。音楽大学の先生からは、「完成から目指す道と、一から作り上げる道の二通りあるが、障害児教育の基本的な考え方のなかでは、完成形を見せてイメージを作っていくほうがよいのではないか」と助言を受けた。また、「音を楽しむには、『期待を外す楽しさ』『音だけでイメージする世界を作ること』が必要」とも教えられ、その後の授業のあり方に大きな影響を与えた。

文化祭での発表の後に、三学期のまとめとして、「サウンドオブミュージック曲集」の演奏や、ダンスを盛り込んだ「ウィンターコンサート」を行なった。また、肢体不自由部門高等部の卒業式では、在校生と一緒に、「さんぽ」をバイオリンとフルートで演奏することができた。

肢体不自由の生徒は、バイオリンの弦を片手で動かすことがやっとであり、演奏では教師が曲の部分を担当する。しかし、最初は弦を持つこともできなかった生徒たちが、一曲終わるまで弾き続けることができるようになる。

アート音楽グループの教育成果

自信をもって行動できるようになったAさん

簡単な発語はあるが、全体場面では名前を呼ばれても答えることのできないほど緊張感が強い知的障害の生徒。自信がなく、固まってしまう傾向がある。

授業当初は音を出すのが精一杯で、一年間で曲が弾けるようになるとは誰も想像しなかった。ミュージックシェアリングの講師が挙げた「キラキラ星が弾けるようになる」という一年後の目標は、担当としては信じられない思いであった。

バイオリンに四色のシールを貼り、左手の爪にマニキュアをつけて、弦を押さえる位置を確認させた。視覚的な手がかりによる効果を狙った工夫である。さらに、楽譜に弾く弦の番号を書き込んだり、指を押さえる位置と同じ色の音符を書くなどの工夫をして練習を重ねた。繰り返しの練習でメロディを覚え、指や腕が自然に動くようになっていった。

初めてのミニコンサートでは、緊張しながらも、自分のできる部分を弾き切ることができた。次の文化祭では、「キラキラ星」が最後まで弾けるようになっていた。文化祭以後は、「エーデルワイス第二バイオリン」に挑戦した。最初は「キラキラ星」のイメージが強く残っていて、メロディが覚えられず、また指の動かし方がレベルアップしたこともあり、じっと固まってしまう様子がみられたが、繰り返しの練習で少しずつ自信がもてるようになり、上達ぶりが示された。本番でもしっかり演奏に参加することができた。曲全体を弾くことは難しかったが、最後のサビの部分は合奏に合わせることができた。

一年間のバイオリンの演奏に取り組んだAさんは、何よりも聴いてくれるたくさんのお客さんを前に、自信をもって楽しそうに演奏できたことが大きな成長である。学校生活においても、かつてのおどおどして自信のない、ときには固まって動けなくなる姿は、あまりみられなくなっている。

楽器や物の扱い方が向上したBさん

知的に大きな遅れがあり、指示理解が困難な自閉症の生徒。指示や状況がわからないと不安定になることが多い。音楽が好きで、カラオケなどで何度か繰り返し聞いている曲は覚えて音程よく歌うことができ、リズム感覚はよかった。

しかし、動きが粗雑で物の扱いも意図通りにはできず、物を投げて壊すこともある。その点から、バイオリンを丁寧に扱うことができるか心配された。また、音符を読んで曲を演奏することが果たして可能だろうかと多くの教師には思えた。ミュージックシェアリングの講師の言う「キラキラ星が弾けるようにがんばりましょう」という目標は、この生徒には無理なのではないか、音楽グループではなく自立支援コースのほうがよかったのではないか、と思われた。しかし、コース選択は本人の希望を優先することが原則である。この生徒が音楽グループでやれることを工夫しようと考えていた。

だが、本物の楽器を手にしたことや、毎週ミュージックシェアリングの講師たちの演奏を聴くことで、「楽器は大切に扱わなければいけない」「きれいな音で演奏したい」という考えをもてるようになった。Bさんは集中して練習に取り組み、きれいな音が出せるようになった。

Aさんと同様、楽譜を色音符にし、バイオリンの指板の部分にカラーシールを貼り、その色と同じ色のマニキュアを左手の爪に塗り、ポジションをわかりやすくした。とくに自閉症の生徒にとって、視覚支援の効果はこの点でもきわめて有効であった。

文化祭では「キラキラ星」が弾けるようになり、その後はさまざまな曲に挑戦している。物の扱いの粗雑さは徐々になくなってきている。音楽グループで最も心配された生徒であるが、今後の上達ぶりが最も期待される生徒の一人となっている。

手指の意識や粘り強さが培われたCさん

動きがややぎこちなく、ボディイメージが十分に培われていない生徒。洗濯ばさみの扱い、袋を開ける、紙をちぎる、ひねる、つまむ等の手先の作業は得意ではない。構音に課題があって口の機能が十分に発達していないこともあり、息を吹き込んで音を出すフルートは難しいと取り組み前から担任は理解していた。だが、本人が強くフルートを希望したので、その意欲を大切にした。

予想通り、音を出すことは難しく、頭部管での音出しにかなりの時間がかかった。途中でうまくできないことを感じると、次の授業を欠席することもあった。普段の授業ではそこまで自分の意思を強く出すことがなかったので心配したが、一方で、意思を明確に表せたことは意欲の現れと判断し、欠席したことを肯定的に受け止めた。

管体を付けてラの指使いを覚え、メロディ通りとはいかなかったが、「キラキラ星」の合奏に参加することができるようになった。また、ミニコンサートで発表するなどの経験を通して、強い意欲が芽生え、三学期になると、以前はあれほど難しかった「フルートケースを開けること」が独力でできるようになっていた。フルートを吹きたいという思いが、苦手だったことを可能にしたのであろう。さらに感動的なことに、独力で管体を組み立て、ソ、ラ、シの指使いを覚えて練習することができている。

フルートの演奏を通して粘り強く取り組む力をつけたことから、ほかの授業でも苦手なことに挑戦することが可能になっている。器楽指導によって本人から弾きたいという強い意欲を引き出したことが、それを可能にしたと思われる。

身体の機能向上に結びついたDさん

重度の肢体不自由の生徒。自発的な動きを引き出すことが難しく、表情や喃語等により周囲にアピールする意思はあるが、伝わりにくいことが多い。ミュージックシェアリングの講師たちによる演奏は集中して聴こうとする。四肢に麻痺があるために、スプーンと歯ブラシのような細い物しか持てない状況だった。

バイオリンの弦を持つこと自体にも困難さはあった。しかし、肩でバイオリンを支える姿勢ではなく、チェロのように楽器を立てて弾く方法を工夫し、少しずつ持てるようになった。やがて弦を握り続ける時間が長くなり、教師が弦を弾くと本人がすぐに弾き返すという方法で、音が出せるようになった。

その結果、わずかではあるが、自分で左右に動かそうとする意思が芽生えてきた。曲が終わると弦を自分から離すようになり、演奏を確実に意識していることがわかった。初めの頃のように、演奏の途中で弦を握ることをやめてしまうことはまったくなくなった。演奏活動に強い意識をもち、参加していることを自覚しているのだ。

細い物を握っていられるようになったことはほかの場面でも活かされ、教師と一緒にペンを持ち、たくさんのマルを描くことができるようになった。これは肢体不自由部門の教師全体の驚きであった。


楽器の音出しが呼吸訓練に役立っているEさん

進行性の疾患で、身体機能が徐々に落ち始めている生徒。とくに呼吸器の機能低下が著しく、夜間には呼吸の乱れで目が覚めることがある。上肢・下肢の動きも少しずつ悪くなってきている。また耳の聞こえも悪く、発語もはっきりしない。

音楽グループでの活動は、フルートは呼吸機能の改善につながるのではないかという予測があった。しかし実際にレッスンを始めると予想以上に難しく、頭部管での音出しもかなり時間がかかった。管体を付けての音出しはさらに難しく、楽器そのものを支えることが困難な状態であった。楽器を支えるとキーをすべて握ってしまうため、色シールで押さえる場所を示すと同時に、キーがすべて開かないように工夫した。うまく吹けないと言うこともあり、すぐにやめてしまうことも多かった。

しかし、指が偶然にあたって「キラキラ星」のメロディの一部が吹けたときの本人の満足そうな顔は忘れられない。粘り強く練習を続ける姿勢が身についてきて、みんなと一緒に最後まで息を入れ続けることができるようになってきた。

みんなで演奏することの意識が、本人の身体的な状態を乗り越えて演奏活動を可能にした事例である。とくに重い進行性の疾患をもって生きる生徒に対して、生きることの楽しさ、生きていることの素晴らしさを与える芸術活動の意義を知らされている。

＊　＊　＊

音楽グループでは、ミュージックシェアリングの支援のもとに、バイオリン、フルートという障害のある生徒たちが通常接することのできない器楽演奏の機会が得られた。普段の生活のなかでは、集中できる時間が短く、同じことにじっくり取り組むことが苦手な生徒たちであり、運動機能の障害のある者も多い。当初は、ただでさえ演奏の難しいバイオリンやフルートの音を出し、曲を演奏することが可能とは思えなかったが、私たちの予想をはるかに超える上達ぶりをみせてくれた。講師の方々の演奏している同じ楽器、本物の楽器を手にして演奏していることが、練習を続けることの原動力になったのだろう。

「人に聴いてもらうこと」が、表現することの苦手な彼らに、器楽演奏という形式で人に思いを伝えることの喜びを引き出したに違いない。個々の生徒の障害の状況が、器楽演奏を通してさまざまな改善に結びつき、生活全体、学習全体でも大きな成果をあげることができたのは、芸術活動のもつ「人の心の奥底にあるものを昇華する力」によるものである。これは、端的に障害者を就労させることが養護学校高等部の目的であるとする文部科学省や厚生労働省の描く「障害像」とは相容れない。障害があろうとなかろうと、人として成長することを忘れてはならない。

アート美術グループの取り組みと成果

続いて、表現支援コースで行なったもう一つの取り組み、アート美術グループの活動成果について述べる。

基本的な考え方

外の世界への意識を生む

自分のなかにあるものを形にして表出・創出することは、無形のものを有形にすることである。表出や創出に、意図・技巧・工夫・思い入れといった主体的な要素が加わり、それが「表現」となる。

「表現すること」は、それを受け取る対象としての存在が必要になる。作品を介して、表現者とその受け取り手の間に「かかわり」が生じる。作品を通しての「他者とのかかわり」や「社会とのかかわり」は、社会参加の一つの形である。

自分のなかにあるものを作品として外に表す喜び、自分が表現したものが他者に受け止められる手応え、完成させることによって得られる達成感・満足感・充足感などが、自信や自己有用感、自己効力感を生み出していく。自信を得たことによってさらなる向上を目指し、前向きに、外向的になっていく。自己満足・自己完結のレベルから脱して、受け取り手（鑑賞者、理解者、賞賛者）を求めるようになる。

自分から「他者」へ、「外へ」の働きかけは、人や社会とかかわろうという世界に向けた意識を培うことになる。障害のある生徒たちの内向きの姿勢、自己完結的なあり方から、自分を取り巻く外の世界への意識の拡大へとつながり、社会参加意識が促進される。

授業としてのアート美術グループ

学校とは学ぶ場所、教育の場であり、指導・支援する教員や共に学ぶ仲間がいて、授業が展開される。授業としてのアート美術グループは、教育課程編成の一環として位置づけられ、個別の指導計画と連動している。

高等部に設置されたコース制の授業には、それぞれコース別の目的や教育内容がある。アート美術グループ授業の目的は、「自己表現力の育成」にある。表現活動を通して、社会参加・自立を図る。社会人として卒業するうえで、「自己表現力の育成」は重要な課題となる。

仲間がいることの意義

時間と場所を共有する仲間がいることで、お互いが刺激し合い、影響し合い、感化し合い、高め合っていくことが促進される。仲間意識が芽生えることで、「アトリエ　アンカラ」（アイヌ語でつくるの意）のメンバーとしての自負や責任感がもてるようになる。「一人で好きな絵を描く」のではなく、グループダイナミックスの働きにより、意欲の向上、支え合いが生まれてくる。

教育とは個々の能力の向上を図ると同時に、仲間として成長することを目指すものである。人は人の間で成長するのだ。

「ワーク」と比較しての意義

「ワーク」とは、コース制をとる本校の高等部の作業学習を指している。就業支援コースや自立支援コースがそれにあたる。

私がアート美術の担当者としていつも念頭に置いていた問いがある。それは、他のコースでは、社会自立に向けての作業学習に取り組んでいるが、アート美術は、毎回同じ絵を同じように描き、ただ好きなことだけをやっている。これが社会自立につながるのだろうか、という問いである。

社会自立を念頭に置けば、社会人になることを想定して、社会人としてのマナー、継続する力、困難な課題でも立ち向かう心、何事にも前向きになる気持ち等を育てることが必要となる。好きなことだけでなく、もっと厳しさなども教えることが大切ではないか。このような問いと向き合って私が出した結論は次の通りである。

たしかに、社会人として生きていくための厳しさを身につけることは大切であろう。だが、社会で生きていくためには、自分の思いを相手に伝える、「表現する力」も重要なことではないか。何よりも一人の人として、生きることの楽しさを知ることが、社会人になるうえで重要なものではないか。その点をしっかりと担任も生徒も押さえなければならないのではないか。

また、アート美術の活動のなかには、挨拶・報告・質問の徹底、準備・片付け・清掃等の作業的な内容が多く含まれている。この部分の指導が、進路指導的な内容を含んでいることの意義も認められるであろう。

アート美術グループの活動内容

これまで取り組んできた内容には、静物画、貼り絵、スクラッチ、ダンボールで作るジグソーパズル、フロッタージュ、折り絵、切り絵、紙粘土で作る和菓子、錦箱、キャンパスに描く自画像、文化祭用オブジェ、障子紙に描く五つ星ワールドなどがある。

生徒のモチベーションを高めるために、また地域の住民とのかかわりを意図して、作品を商品化し、販売活動を始めた。町内の商店街のエコバッグの図案の作成や、小物の商品販売を、校内だけでなく麻生区役所などでも展開するようになった。生徒たちは自分の作品が社会に流通することで、作成意欲がいっそう向上した。

このような取り組みは新聞にも取り上げられ、以下のような記事も載った（「エコバッグ一〇〇〇個配布」二〇〇八年一〇月二一日朝日新聞神奈川版）。

「横浜市青葉区の東急田園都市線・たまプラーザ駅周辺の三つの商店街、約二〇〇店が、近くの県立麻生養護学校（川崎市麻生区）の生徒が描いた絵をあしらったエコバッグ一千個を配り始めた。きっかけは、青葉区の横浜市民ギャラリーあざみ野で二四日から一一月九日まで開かれるスーパーピュア展。（中略）ギャラリーでは、三〇〇円の入場券代わりに用意するバッジや会期中に二〇〇円で販売するエコバッグのデザインに生徒の作品を採用した。アートを街づくりのテーマの一つに掲げる近くのたまプラーザ商店会の加藤芳範会長に相談すると『商店街が取り組むエコ活動にも合う』とバッグ一千個を引き受けてくれた。

三つの商店街ではリサイクルや防犯パトロールで連携することも多い地元の美しが丘連合自治会に二五〇個を渡し、残りを加盟の各店に渡した。無料で客に配るという。

小学部から高等部まで約三〇〇人の半数は青葉区の子どもたち。加藤会長は『地元の子どもたちの将来の自立にもつながれば』と話す。

麻生養護学校では『作品が展示され、バッジやバッグのデザインにも採用されたのは生徒の励みになる』と話す。」

あざみ野フォーラムでの展覧会

先ほどの記事に出てくる「スーパーピュア展」とは、二〇〇八年一〇月、横浜市民ギャラリーあざみ野で開催されたものである。

障害のある人たちの表現を紹介する趣旨で開かれたこの美術展に、アート美術グループの生徒の作品を出展した。

従来、養護学校の作品展示は、神奈川県の場合、横浜市内のデパートの協力をいただいて、毎年夏に各学校が作品を展示するものだった。五〇校を超える県内養護学校が作品数を絞って展示会場に並べ、地域の方々を対象にした展示会が行なわれていた。

だが、麻生養護学校が参加したこの美術展は大きな美術館で開催され、作品は美術品としての出展であった。本校のほかに、全国三施設の三品が展示された。障害のある人たちの精魂を込めた作品が見る者を圧倒する、迫力のある美術展であった。

この美術展に、麻生養護学校の生徒作品の出展を依頼されたのには理由がある。一つは、全国初の芸術コースをもった学校であること、もう一つは、本校が地域社会を変革するというインクルージョンを目指す学校として、さまざまな取り組みをしてきたことである。

この美術展は、作品展示だけでなく、出展者の代表がシンポジウムでその取り組みを紹介するものであった。当時校長であった私は、芸術コースを設置した目的、またインクルージョンの理念や取り組みについて語り、会場からさまざまな質問・意見をいただいた。

「アウトサイダーアート」の世界的な流れのなかで、障害者の芸術活動は新しい視点のもと、大きな躍進が期待される時代に入ったことを印象づける美術展であった。なお、本校ではこの美術展から多額の出展料をいただいた。かつて私が教育委員会にいて、障害者の作品展示の場所や依頼に駆け回っていた頃とは隔世の感がある。

アート美術グループの教育成果

家庭学習を積極的に行なうようになったFさん

普段はおしゃべりが多く、気が散りやすく、作業も手元を見ないことが多い。新しいことには強い興味関心を示すが、持続することができず、完成させるまでには至らない。すぐに教員を呼んで助けてもらうことが習慣になっている。

この生徒の特徴は根気がなく、すぐに飽きてしまうことだったが、折り紙の授業では、隣の生徒にはまったく話しかけずに集中して取り組むことができた。できないところを何度も説明してやらせ、最後には独力で完成させることができた。

この折り紙に夏休み中の家庭学習の課題として取り組み、二学期に学校へ持ってきた。保護者の話では、今まで夏休み中にこれほど真剣に家庭学習をしたことはないとのこと。

二学期に入ってから、授業の課題に集中して取り組む姿勢が顕著になってきた。

意欲が引き出され、他の生徒をリードするようになったGさん

意欲、集中力、持続力は他の生徒の模範となる生徒。周囲の生徒とあまりかかわりをもたず、コツコツと作業に取り組むタイプである。

後半の授業のなかでは、手順のわからない生徒、困っている生徒の面倒をよくみるようになり、授業を盛り上げてくれた。みんなと一緒の活動が、仲間意識や連帯感を生み出し、周囲の意図へのかかわりを引き出したものと思われる。

二学期の伸びやかな毛筆遣いは、多くの教員の感動を呼んだ。

指示待ちの姿勢から、自分で色や題材を選択するようになったHさん

視覚・聴覚ともに障害があり、指示の伝達やコミュニケーションの面での難しさがある。だが、勘がよく、周囲の状況に合わせることができる。他の生徒とのかかわりはほとんどもたないが、状況把握のために周囲の様子を注意深くうかがっている。

この授業では、自分から選択することのできにくいKさんが、「好きな色を選ぶこと」「指示を待たずに自発的に活動すること」を重点課題として取り組んだ。徐々にではあるが、周囲の生徒の活動に合わせて、自分から活動するようになってきた。絵の具の色も、自分で選べるようになった。

作業のとりかかりが早くなり、手が汚れることへの抵抗がなくなったIさん

姿勢が悪く、注意してもすぐに崩れる自閉症の生徒。乱暴な言葉遣いが目立ち、周囲の生徒とはなじめない。気分が落ち込んで作業にとりかかれないこともしばしばある。手が汚れることを極端に嫌い、粘土や土、絵の具に手を出さないこともある。

絵の具の扱いが難しい課題であったが、毎回の授業で手が汚れても、「後で洗えば落ちるよ」との声かけで、安心して作業を続けられるようになった。制作のとりかかりが悪く、しばらくみんなの様子を見ていることが多かったが、視覚的な手がかりとして制作手順の図を前に置くこと

で、とりかかりがスムーズになった。休み時間に完成した作品を職員室に持ってくるようになった。

教室を飛び出すことが減り、集中できるようになったJさん

授業中に教室を飛び出すことが続く。用事や目的を果たせば戻ってくる。刺激が統制できず、すぐにそれに反応する自閉症の生徒。自作のキャラクターや文字入りの絵を繰り返し描いている。絵画制作の能力はきわめて高く、自閉症特有の記憶した物の細部を丁寧に描く。

一学期はまだ授業や学校に慣れないせいか、授業中に教室を飛び出すことが多かった。注意したり叱ったりするという方法から、何をしたいのかを聞いてそれを題材にすることによって、少しずつ落ち着いてきた。

みんなと一緒の制作活動は困難で、個別の課題に取り組むことが多かったが、文化祭の出しものを制作する場面では、みんなの作品をじっと見つめるなど、他者を意識した行動がとれるようになってきている。

「アウトサイダーアート」の意義

アウトサイダーアートとは、精神疾患患者や知的障害者、刑務所に収監されている犯罪者など、正規の美術教育を受けていない独学自習の作り手による作品のことである。

われわれの考える伝統的な美術作品は、美術に関する社会的な妥当性という範疇に押し込められたものが多い。また日常的な色彩感覚にしても、ランドセルや洋服に例をとれば、男の子用には黒や青、女の子用には赤やピンクというような先入観があり、それが社会一般の美的常識と考えられている。

しかし、たとえば知的障害者の描く絵画には、このような視覚的イメージを大きく打ち破る作品が少なくない。それは一般教育になじめなかったり、美術教育から外れてきたりしたことによって、一般的な視覚イメージが身につかなかったことによるものと考えられる。また、独特の感覚から、通常とは異なった表現になっているのであろう。

そのような一般的・常識的な美術感覚から外れた作品が、アウトサイダーアートにはみられる。障害者の美術作品がすなわちアウトサイダーアートというわけではなく、社会的な視覚イメージが定着しなかった障害者等の作り手による作品がアウトサイダーアートである（服部正著『アウトサイダー・アート』）。それは障害者の美術作品を部外者の作品として差別するものではなく、教育や商業によって制度化された美術の枠組みを崩す、大胆で新しい価値を付与する表現に対して用いられる言葉である。

「生の芸術」を主張したフランス人画家ジャン・デュビュッフェは、従来の西洋美術の洗練された技法や様式に価値を認めず、さらに西洋文明そのものを痛烈に批判して、子ども、「未開」人、精神障害者らの描く絵画を「生の芸術」と呼んで讃美した。そして彼らの作品を、「芸術的教養に毒されていない人々が制作した作品」と呼んだ。「文化的芸術」に対してみずからを「反文化的芸術」と称したデュブュッフェは、精神障害者の作品を狂人の絵と蔑んだ世間の評価に対して次のように語った。「精神の〈病気〉はきわめて多様であり（中略）そのすべてを、あの〈病気〉という上辺だけのおなじ籠の中に入れるのは、とても勝手な振舞いのように思われる。芸術の機能はどんな場合でも違いはないのであり、消化不良患者の芸術や、膝の悪い人の芸術というものが無いと同様に、狂人の芸術というものは無い」（末長照和『評伝ジャン・デュブュッフェ』）。

このデュブュッフェの見解こそ、インクルージョンの考え方そのものである。それは、障害があろうとなかろうと芸術は芸術であるとし、芸術を何か特別な高みに持ち上げ、一般人にはほど遠い領域のものとすること、まして障害者とは無関係のものとすることの不条理さに抵抗するものである。インクルージョンへの意識の高揚がこのようなアウトサイダーアートへの関心を生み、世界各国でその展覧会が開かれ、芸術的価値が認められるようになってきたのであろう。

日本では、障害者施設での芸術表現活動が爆発的な展開を見せるのは、一九九〇年代になってからである。それは国連による「障害者の一〇年」を契機に、障害者の芸術活動が社会参加の重要な一面であるとの認識に基づくものであった。一九九五年に「エイブル・アート（可能性の芸術）」という概念が起こり、障害者が芸術表現活動を通してセルフエスティームを育むと同時に、社会に新しい芸術観、価値観を提示しようとした。

従来、福祉は行政の仕事と考えられていて、「障害者は保護される存在であり、福祉の受給者である」という認識が一般的であった。しかし、とくに重度の障害者にかかわる教育・福祉関係者からは、障害者の自己主張の重要性について多くの指摘がされてきた。とりわけ表出言語のない障害者、コミュニケーションに困難を示す者にとって、意思の発現とその受容は重要なテーマとなっている。

その点から自立するために必要なものの第一は、「自己主張」であると考えられる。自己主張に対峙する誰かがそれを受け止めることが、受け止められた存在としてのセルフエスティームにつながる。その自己主張の表現方法の一つに芸術活動がある。芸術活動は内的な思いを外に表出し、人々に自己を示す役割をもっている。今日では、障害者の芸術活動は単に情緒的な安定のためとか、余暇活動の一部という観点からではなく、人が人になるための重要な課題としてとらえられるようになっている。

アウトサイダーアートは、本来は知的・精神障害者、犯罪者の芸術ではなく、正規の美術教育を受けなかった人々のなかにある新しい芸術の可能性を示すものであった。しかし、言葉そのもののなかに差別性、特殊性を思わせることは否定できない。現在は、「インクルージョン」の理念に基づく社会の形成が求められている時代である。さまざまなニーズのある人々を包み込み、障害のあるなしにかかわらず、一人ひとりの違いを祝福するインクルージョンの理念からすれば、「アウトサイダーアート」の命名はその意図とは別に、今日ではふさわしいものとはいえないだろう。「エイブル・アート」「エイブル・コンサート」といった呼び方が、内容的にもふさわしいのではないかと思われる。

芸術は障害者の意識を変える

障害児教育の領域では、教育の内容として芸術活動をきわめて重視してきた。それは知的理解を中心とする教科教育が困難な子どもたちにとって、感性や自由さが前面に出る芸術こそ、彼らの個性や特性を活かせる教育だからである。

特別支援学校・学級において、優れた芸術活動の実践事例や、教育的成果が得られた事例が数多く報告されている。日常的に芸術活動が実践され、さまざまな教材教具が工夫されている。

しかし、従来の障害児教育における芸術活動は障害者の自立とは無縁のものであり、あくまで学校の楽しい授業や余暇活動を形成するものという位置づけであった。芸術活動を通して、人は人になっていくこと、孤立した自己から世界を獲得する自己へと成長させることを意図したのが、芸術コースの意図であった。

一九九四年、日本障害者芸術文化協会が設立され、のちにエイブル・アート・ジャパンと名称変更されたが、それによって障害者の芸術活動が社会的に認知され、全国各地での取り組みが拡がっている。それは、芸術活動によって障害者の意識が変わっていくのを、人々が目の当たりにしてきたことによる。

障害者は幼い頃から人の助けを借りて生きてきたため、気を遣って受け身的になりやすく、自分が主体者として物事に取り組むことから遠ざけられてきた。しかし、芸術活動はさまざまな選択と自己決定を必要とする。どのような表現方法を選ぶのか、表現するための道具や素材は何かと、サポートしてもらいながら試行錯誤を繰り返し、自分の芸術表現のための環境を整える過程で、主体的な「個」が生まれ、確立してくる。この「個」としての意識の芽生えこそが、社会自立に大きな影響を与える（川井田祥子『障害者の芸術表現』）。一九九五年から「エイブル・アート・ムーブメント」が巻き起こり、全国各地で「社会の芸術化」「芸術の社会化」が始まっていった。

全国で初めて芸術コースを設置した麻生養護学校の取り組みは、このような時代的背景のなかに誕生し、その先駆けとなったのである。

第6章　インクルーシブ社会への希望

ここまで、インクルージョンがなぜ望ましいのか、またそれを妨げているものは何かということについて語ってきたが、どちらかというと、背景にある差別や排除を多く取り上げてきたと思う。ここからは、私個人のインクルージョンの原風景を語った後に、インクルーシブ社会への希望を探ってみたい。

私が子ども時代に経験した排除に関する事柄は、現在もヘイトスピーチなどの偏狭なナショナリズムや地域社会における排除事象として次々に現れている。社会が示すものをみると、インクルージョンの兆しなどどこにあるのかと思う。だが、注目を引くようなことではないが、インクルージョンの進展が確実にみられるところもある。それは大きな政策の転換や多くの人々が参加する取り組みではなく、むしろ誰にでもできるところから始まっているものであったり、生活を基盤とするものであったりする。それだけに、長続きするようにも思える。

排除の色彩が強い時代にあって、インクルージョンへの希望は闇のなかの光のように、私たちに強く迫ってきている。この目標こそが、私たちの社会そのものを、人を変えるものであることを信じている。

インクルージョンの原風景

障害のある子どもとの出会い

私は一九四八年に長野県に生まれた。小学校に入学したのは終戦後一〇年を経たときで、復興に向けての意気込みが感じられる時代であったが、現在の豊かさとは比べものにならないほど人々の暮らしは貧しいものだった。第一次ベビーブームといわれた世代で、小学校は急遽学級を追加して対応した。

戦争は終わったものの、その傷跡はさまざまな場面から知ることができた。なかでも小学校には、「慈恵院」という孤児院から通学する子どもたちが何人もいた。当時はくわしくは知り得なかったが、戦争後に孤児となった子どもたちが入所する施設であった。

小学生になって、学級のなかにその施設から通う子どもがいることを知った。彼には知的な障害があった。

学習の遅れは、小学一年生の私たちの目から見ても明らかであった。また、授業に集中することも難しく、混乱を起こすために、先生がときどき声をかけなければならなかった。当時は特殊学級などはなく、どんな子も通常の学級で一緒に授業を受けていた。生活はほぼ自立していたが、言葉でのやりとりは難しく、移動の場面では誰かがついての指示や誘導が必要だった。

私は四年間、彼のクラスメイトであったが、今思い返しても彼が学級から弾き出されたことは一度もなかった。何か失敗しても、みんながかばい合った。彼は、いたずらでほかの子に教科書をぶつけたり、些細なことで泣き出したりすることもあったが、誰一人彼を責める者はなかった。

それは今思えば、担任の先生のその子に対する愛情によるものだった。戦争孤児となり、山の中腹にある施設から時間をかけて通ってくることも、彼に同情させる要因の一つではあっただろう。だが、そんなことよりも、彼に対する先生の愛情の深さは本物であった。それは私たちにも注がれていた。先生が怒鳴ったり怒ったりする姿はほとんど見たことがなかった。それでいて教師として威厳を感じさせる人で、その先生の前では緊張していたことを思い出す。当時の教師は、地域社会の住民から尊敬を受ける対象であったこともあるのだろう。

その担任の先生は、その子をとても大事にかわいがった。スムーズに行動することのできない彼を叱りつけることもなく、動けるまでじっと待っていた。学級のみんなも、先生にしたがって彼を待った。転んで怪我をしたとき、弁当を落として中身が出てしまったとき、真っ先に心配して彼のもとに駆け寄ったのは先生だった。遠足で歩けなくなった彼を背負って歩いたのも先生だった。私たちは先生のその子への対応を見て、自然に自分たちも彼を大事にしようと思うようになった。学級は彼を中心にまとまっていた。

私には、彼との特別な関係があった。

ある席替えのとき、先生は私を呼んで、彼の友だちになるようにと言って席を隣にした。障害ゆえに、動作がのろかったり、ぶつぶつ独り言を言ったり、突拍子もない行動をすることもあり、友だちになれと言われた私は、内心「どうして自分が？」と思い、誰か他の人をと願った。でも、そのようなことを口に出せる雰囲気はなく、私がいつも付き添う役割をすることになった。

以来、嫌いでも何でも彼と一緒にいるようになったことは、自分のことだけを考えるそれまでの自分を変えていったと今になって思う。本心をいえば、最後まで彼のことを好きになることはなかったが、助け合って生きることを最初に学んだ出来事である。

担任の先生は、退職した後もずっと彼のことを気にかけていて、中学校卒業後に彼が勤めた町工場を何度も訪ねたり、私たちに安否を尋ねたりした。先生は九四歳で亡くなったが、教え子の一人としてずっと連絡をとっていた私は、先生がいつも彼のことを気にかけていることを知っていた。

私が障害のある子どもたちの教師になろうと考えたのは、先生と先生が大切にしたその子との出会いがあるからだと思っている。私はどこへ行っても、教師たちにこの先生について語る。障害のある子どもを大事にして、教師でなくなった後もずっとその子を心配している姿に、「教師とは何か」を考えさせられるからである。教頭にも校長にもならなかった先生は、社会に出て活躍する教え子より、障害のある子のことを終生忘れることなく、心配し続けた。障害があるから、孤児だからといって差別しないで、むしろだからこそ大切にする姿勢を、私たちは教えられた。一人の障害のある子どもを真正面から支えた先生の生き方は、クラスの全員に大きな影響を与えた。のちに私が障害児学級の教師になったことを知った何人もの同級生は、「先生のことを忘れなかったからだよね」と言った。

今日でいえば、障害のある子はそれゆえに特別支援学級に行くことになるのだろう。そのほうが本人にとっても幸せな学校生活が送れて、社会に出るために身につけるものが多いと考えられるからである。だが、誰にも言われなくても自然に助けようとする思いや、みんなで一緒なのだという心は、当たり前のように人として付き合うなかから学ぶことである。

彼は若くして亡くなったが、彼の悪口を言う者は一人もいない。当時もいじめなどまったくなかった。

不登校児の存在

私の過ごした小学校は、二つの学校から成り立っていた。正確には、一つの学校と一つの分校である。広範な地域から全員が本校に通うことが不可能なため、一年生から四年生まで通学可能な分校に行くことになっていた。分校といっても、一学年には四〇人のクラスが二つずつあり、全部で八学級、三〇〇人を超える学校であった。

私はこの分校で障害のある子と四年間を過ごした後、五年生から本校に通うようになった。この学校で、私は不登校の子どもの存在を知った。彼女は同級生であったが、一度も会うことがないままに小学校を卒業した。中学校でも同級生となったが、姿は一度も見ることなく、名簿上の同級生でしかなかった。

なぜ彼女が不登校なのか、誰も知らなかった。担任は知っていたのかもしれないが、私たちには何も言わなかった。病気で入院しているのではないかとか、学校に通う体力がないから家で寝ているのだろうと憶測することはあったが、誰も真相を知らず、彼女の家に何か学校のプリントなどを届けたり、様子を見に行ったりすることもなかった。あまり彼女に関心をもつこともなく、私たちは中学校を卒業した。

当時、学校に行かない人は社会に出て行かれないと誰もが考えていた。私の母親も彼女についてそう語ったし、私たち子どももみなそう思っていた。勉強がわからないで、友だちもできないでどうして社会に出て行くことができるのか。読み書きそろばんができなくて、世のなかで生きていかれるわけがない。大人になるためには学校生活は必須であり、社会人になるために、たとえ嫌いであっても学校へ行くものだ。それが社会の常識であり、私たち子どももそれを受け入れていた。

だが、彼女は中学校を卒業してしばらくすると働くようになった。時計工場で組み立ての仕事に就いた。そして年若くして結婚し、母親になった。私はそれを大学生のときに伝え聞いた。何だ、学校へ行かなくっても社会人になれるんだ。仕事も結婚も育児も問題なくやれるんだ。それは、私のなかにあった学校神話が崩壊した瞬間であった。学校に行かない奴はろくな者にならない、世のなかの役に立つ人間になれない。従来から教えられてきた学校で学ぶことの意義が、彼女の存在で跡形もなく吹き飛んだ。学校は大人になるために絶対に必要なものではないことを知った。

その後、私は中学校教員となり、多くの不登校の生徒たちを指導してきた。社会のなかには、不登校児を欠陥のある人間とみる風潮があることを現場で知った。「不登校はダメな奴」という考えが一般に広がっている。私は障害児教育やインクルージョンの観点から、不登校は本人の問題ではなく、排除している側の問題と考えるようになった。不登校をインクルージョンの考え方からみる視点をもったことは、少年時代に不登校児の存在を知ったことと深く結びついている。

社会的差別との出会い

中学生になった私にはなかなか友だちができなかった。その原因ははっきりしていた。私には吃音（どもり）があったからである。

話そうとするとあがってしまい、言葉がしどろもどろになる。そんな失敗体験を嫌というほど繰り返した私は、容易に人と交わることができなかった。幼少時からの病弱の体質もあり、自分からは打ち解けない性格であった。後年、ある人に「君は本心をみせない」と言われたことがあるが、本心をみせたくないのではなく、上手にしゃべれない自分を守るための防衛機制であった。だが、そんな私にも友だちができた。彼も、一般的には変わっているとみられる人であった。

何しろ理数系にはめっぽう強く、国語や英語はまったく勉強しなかった。いつも理数系の本を読んでいて、有名な科学者の学説をこまかに記憶しては人に話していた。最初は興味をもつ人もいたが、あまりに彼がしつこく話すので、いつしか離れていった。

そんな彼が私の友だちになった。休みの日にはよく遊びに行った。彼は自然科学に関する知識が豊富で、雪道を歩きながら雪の結晶について熱っぽく語ったり、近くに生息する狸の生態をくわしく教えてくれたりした。

ある日のこと、二人で歩いている路の向こうから、同級生がこちらにやってきた。そこでは何気ない話をしただけだったが、帰り際、一緒にいた同級生の妹が、私たちに向かってこう言った。「貧乏人の家のくせに」。

突然何の脈絡もなく言い放った彼女の言葉に私は仰天した。彼女は私とは面識がなく、私の家の事情を知らない。それが、明らかに蔑みの口調でそう言ったからである。

きつい目で私たちを一睨みすると、彼女は去って行った。同級生は何も言わなかった。そのことで、彼も同じように私たちをみているのだと悟った。私たちは呆気にとられて、彼らの後ろ姿を眺めていた。

そのとき私は気づいた。私の家は父親が会社員で、当時としては裕福とはいえないまでも、「貧乏人」の階層には入らない。だが、友だちの家はそうではなかった。何度か訪ねた家は、子どもの目にもみすぼらしいものに映った。「貧乏人の家のくせに」という一言は、彼に対しての蔑みだったのだ。そして、彼と一緒にいる私も同様と思ったのであろう。家の格差による差別がこれほど明白に幼い子ども時代に形成されることに私は驚いた。自分自身が差別される側に身を置いたことがなかったこともあったのだろう。子ども時代に家柄や富による格差から生ずる差別があることを知った者は、その後の人生観や社会観をどのように形作っていくのであろうか。

私は高校一年生になって、島崎藤村の『破戒』を読んだ。被差別階層出身の教師が、その出自を教壇の上で土下座して生徒たちに謝罪する物語を読んで、世のなかの理不尽さに憤ったことを覚えている。なぜ土下座までして謝らなくてはならないのか、人は平等ではないのか。差別、偏見、排除されている人々の存在に私は強い関心をもった。

私が被差別階層の人たちに関心をもったのにはもう一つ理由がある。『破戒』の主人公である瀬川丑松のモデルとされた大江磯吉は、私の生まれ故郷飯田市の出身だったからである。彼の生まれた下殿岡村は私の生地から近く、今でも生家の近くに石碑が建てられている。それだけで、とても人ごととは思えなかった。

大江磯吉は公立下伊那中学校を優秀な成績で卒業し、長野師範学校、高等師範学校で学んだ。その後各地で教師を務め、やがて兵庫県の中学校校長に若干三四歳で就任。しかし、腸チフスにかかって若くして亡くなる。在職中に差別や迫害を受けながらも、自由を尊重する教育の普及に努め、後年、研究者によってその生涯や教育に対する哲学が明らかにされた。

私は大江磯吉という、差別に敢然と対峙して生きた教育者の存在を知った。しかも彼は私の高校の先輩にあたる。それと同時に、私の生きているこの地域に、同和地区のあることを知った。それがどこにあるのかは知らなかったが、かつてどこの家がそうであったなどと、母たちが話していたのを聞いたことがある。

子ども時代に差別意識や偏見をもつことは、人として許されない。そのことを教えることの大切さを、藤村の『破戒』を通して学んだ。

在日外国人との出会い

私は川崎市南部に住むようになって、在日韓国・朝鮮人の人たちとさまざまなかかわりをもってきた。

日常的な触れ合いのなかから、彼らがどのような経緯で日本に居住するようになったのか、また今も厳然として存在する民族差別の実態を知るようになった。

四〇数年前、私は大学生となって、親戚のある川崎市に住むようになった。そして川崎市南部にある在日韓国・朝鮮人の大勢住む地区へ行き、人々の生活を知った。京浜工業地帯に隣接したその地区は、煤煙、騒音、廃棄ガスであふれ、未舗装の入り組んだ小路、密集した住宅、不完全な下水道など、都市基盤の劣悪な条件のもと、生活保護の世帯が多く住む地域であった。

掘っ立て小屋のような家がひしめき合い、迷路のようになっていた。ある家のドアかと思うとトイレだったりした。小さな広場の真ん中に水道管があり、それがその地区唯一の水道だった。そこは日本鋼管の跡地であった。そこに居住する人々は、日本の朝鮮植民地政策のなか、祖国で生活できなくなって日本に働きにきた人たちや、強制連行によって日本での生活を余儀なくされた人たち、そしてその二世たちであった。

私はキリスト教会に行くようになり、韓国の教会の人たちと知り合った。そこで、一世の人たちの、私たち日本人に対する強い非難の口調に驚いた。「お前たち日本人は、われわれに何をしたのか」という糾弾に対して、頭を下げるしかなかった。日本の国家的な犯罪によって、人としての生き方を蔑ろにされ、忍従の苦悩を押しつれられた人々の訴えであった。戦後になっても在日の人々の置かれている地位は変わらず、社会的な差別と行政的な対応の欠如によって、二流市民の地位は変わることはなかった。

在日の人々は、不誠実で不公平な日本社会に対して、さまざまな形で権利のための闘争を始めた。指紋押捺拒否運動、就職差別裁判、金融会社の融資拒否、そして教育権をめぐる戦いが始まった。

戦後一五年を経過しても、在日の子どもたちが小学校に入学する際には、日本人の保証人を立てなければならない状況であった。そこには市民の権利はなく、彼らは犯罪予備軍として扱われていた。それは当時の川崎市のみならず、日本社会における外国人の人権状況を端的に示すものであった。

私は、在日韓国・朝鮮人の人々が、つらい民族の歴史を形成させた日本で、なお残る差別や偏見のなかを苦しんで生きている姿をみてきた。ある人はいつも昼間から酔っ払って、私たちの教会を訪ねてきていた。日本のための戦争に行って、右手を失った人である。戦後になって、日本人なら出る保障が朝鮮人には出ず、すっかり生きる意志を失って、酒浸りになっている。そのことを知った私は、自分の生まれる前の出来事であるが、日本民族が犯した罪の重さはすべての日本人が背負うべき問題だと受け止めた。

日立製作所に就職が決まった韓国籍の青年が、日本名で就職試験を受けて合格したが、その後韓国人であることを理由に就職を拒否されるという事件もあった。私の教会は、隣の韓国教会との親しい関係もあって、この裁判を支援した。その青年の奥さんになった人が、私の高校の後輩であったこと、またその裁判の弁護士が私の高校の先輩であったことも関係している。

韓国・朝鮮人差別は歴史認識の問題といわれるが、被害者の立場から何が真実なのかを知ることが大切であろう。私は、在日一世の人たちの涙ながらの糾弾の前に立った者として、この問題を看過することができない。

かつて私の兄が、中学校の同級生に朝鮮人がいたことを話してくれたことがある。母の実家の近くの人であった。彼は体格的にも性格的にもとても強かったため、みんなにいじめられることはなかったが、陰では「チョーセンジン」と蔑みの言葉で呼ばれていたという。子ども心にも差別はよくないと思う一方で、大人社会の差別意識がいつしか子どもの心の奥に浸透していたのだろう。誰もそれを間違っていると言う者はいなかった。

差別感情は幼い時期に形成される。それを正す者がなければ、心の奥底に自然のこととして植え付けられる。それは何かの機会に一気に吹き出す。社会道徳とは、人に迷惑をかけないことであるが、人を偏見の目でみたり、差別したり、排除したりしてはいけないことは、すべての人が心にもつべきであろう。「日本人の誇り」の前に、「人間としての誇り」があるべきである。

私は自身が病弱であり、吃音であり、人と上手にかかわることが不得手な人間として子ども時代を過ごした。そのこともあって、差別や排除を敏感に感じとる人間として育っていったのだろう。

私自身が子ども時代に出会った排除の経験は、心の奥底に封印され、表に現れることはなかった。しかしやがて大人になり、社会とのかかわりが深まるなかで、差別事象と出会うたびにより鮮明な思い出としてよみがえってきた。それは、身近に差別され排除される人たちがいたからである。

知らなければ、かかわらなければ何事もなく、苦しむ人々の傍らを素通りしていく人生もありえただろう。だが、幼い日の記憶は、自分が何に向かって生きるのかを示す指標となっていった。

インクルーシブ教育の本格的な推進

インクルーシブ教育システムの構築

二〇一二年七月、「共生社会の形成に向けたインクルーシブ教育システム構築のための特別支援教育の推進」についての報告書が文部科学省から出された。障害者の権利条約や障害者制度改革、障害者基本方針改正の流れを受け、従来障害者等が社会に参加できる環境にはなかったことの反省に立って、参加・貢献できる社会への改革を目指したものである。

インクルーシブ教育システムとは、人間の多様性の尊重、精神的身体的に最大限発揮できる能力の発達を目的とし、障害のある者と障害のない者が共に学ぶ仕組みであり、障害のある者が教育制度一般から排除されないこと、地域において初等中等教育の機会が得られること、個人に必要な「合理的配慮」が提供されること等が必要とされている。

インクルーシブ教育のための特別支援教育の推進は、以下の三項目に示されている（抜粋）。

・障害のある子どもがその能力や可能性を最大限に伸ばすために、医療、保健、福祉、労働等との連携を強化し、社会全体の様々な機能を活用すること。

・地域社会のなかで積極的に活動するために、地域の同世代の子どもや人々の交流を通して、地域での生活基盤を形成すること。

・障害者理解を推進し、周囲の人々が、公平性を確保しつつ社会の構成員としての基礎を作ること。次代を担う子どもに対し、学校で率先してこれを進めること。

さらに基本的な方向性として、障害のある子もない子もできるだけ同じ場で共に学ぶことを目指すべきであること、ただし、それぞれの子どもが授業が分かり、学習参加に達成感を持っているかが、本質的な視点であることが述べられている。つまり、すべての子どもたちが通常の学級に何の手立てもなく入級するのではなく、個々の教育的ニーズを把握して十分な環境を整えたうえで、同じ場で学ばせるというものである。

これは、かつて神奈川県が「共に学び共に育つ教育」を推進するにあたり、統合教育は教育の理念であり、できるかぎり通常の学級での統合を目指すべきだが、機械的な統合は個人にとっては破壊的な結果を生む危険を踏まえて実施すべきであるとしたのと同じ考えである。すなわち、個々の教育的ニーズによっては、必ずしもインクルーシブな教育環境が望ましくないこともあり得るということだ。日本の目指すインクルージョンは、すべての特別支援学校や特別支援学級を廃止して、通常の学級で指導するというフルインクルージョンの形態はとらないということである。この点については、今後議論になるところであろう。

文部科学省から出されたこの報告書の背景には、世界的な流れである障害者の権利条約などがある。これまで公然とはいわれてこなかったが、厳然として存在する障害者への差別や排除の現状を変える必要があり、そのためには子どもの教育が何より大切だという考え方がみてとれる。

また、二〇〇一年に出された「二一世紀の特殊教育のあり方について」の報告書で示された世界的な潮流としてのインクルージョンへの展望が、一〇年を経過しても実現されていないという認識が窺える。「二一世紀の特殊教育のあり方について」では、従来のように障害の種類と程度を基準とした就学指導のあり方を変え、保護者の意見表明の機会等を保障し、それまでなら盲・聾・養護学校に就学指導すべきとされた児童生徒であっても小・中学校に就学する道を開くという、インクルージョンの方向性が示された。しかし、そのインクルージョンの流れが結果的にまったく逆の方向性に向かっていることは、先に述べた通りである。

現在の特別支援教育の課題

私は神奈川県教育委員会の実施する「県立学校第三者評価委員」として、毎年数校の特別支援学校を回っている。

神奈川のモデル校を作った経験がある私は、学校の課題を容易に指摘しやすく、どうしても厳しい評価になってしまう面がある。しかし、特別支援教育の目玉である「地域の特別支援教育のセンター的機能」が、多くの学校では、その目的や果たすべき役割が明確になっておらず、校内で担当者が十分な説明ができずにいる現状を指摘せざるを得ない。「外部の小・中学校を支援するなら、校内の子どもたちの支援を充実させるべき」という意見も多く、内部の教員の理解が得られないという。

当初いわれたように、地域支援の最大の課題は、「敵は内部にあり」というわけである。担当者が教職員からまったく孤立しているという学校すらある。

私が教育委員会にいたときも、地域支援に対して否定的な意見を述べる管理職が多かった。教員はこの学校の子どもたちのための存在であり、外部の支援などもってのほかと主張する校長は少なくなかった。私は、この地域支援は誰のために、何のために行なうのかを繰り返し説明しなければならなかった。

地域支援は、最終的には学校にいる子どもたちのために行なうものである。それは地域支援によって地域の教育力を上げ、障害者が多くの人々によって支援され安心して暮らせる地域社会をつくるためである。地域の学校の教職員が障害のある子どもたちやその学校に関心をもつことになり、それが障害理解の推進につながっていく。地域支援によって、小・中・高等学校に在籍していても十分な指導が受けられる。その結果、通常の学校に障害のある生徒がいることが普通になる。このように地域支援の目的は、インクルーシブな地域社会の土壌づくりであることを強調してきた。

だが、現実にはこの数年、私が第三者評価で回っていく学校の取り組みや教員・管理職の意識の低さを知らされるばかりであった。インクルージョンがまったく意識されていないのである。特別支援学校の専門性による支援という方法論だけが理解に残り、その本来の目的が見失われている。

インクルーシブ教育成功への鍵

インクルーシブ教育の推進にあたって、文部科学省が都道府県に研究指定を行なった。神奈川県はそれを受けて、高等学校で障害のある生徒を指導するシステムづくりの研究を開始した。具体的には、発達障害などの生徒を対象にした通級指導教室の設置である。この研究の推進委員を、私が担当することになり、その高等学校の校長と計画推進についての話し合いをもった。

実は一五年ほど前、教育委員会で「高等学校における障害のある生徒の受け入れ」がテーマの研究会を設置して、その可能性を模索したことがあった。大阪方式などを参考に、養護学校以外で高校生を受け入れるシステムの設置を検討したのである。結果的には、高等学校教員の意識を変革することが難しかったこと、保護者の団体の反対があったことによって実現しなかった。当時の高等学校の教員にとって、適正な入学試験に合格しない障害のある生徒の受け入れなど考えられないことだったのだ。また、保護者の団体は、入学後に個々の生徒のニーズに応じた教育を行なうという考えを強く批判した。教育の場や内容を共有することが最重要であり、同じ教室で異なる教育を行なうことは差別だと主張したのである。これは統合教育の考え方である。インクルーシブ教育は、場はどこであれ、個々のニーズに合わせた教育こそが望ましいと考える。その点に対する反対であった。

そのことがあって一五年後、高等学校におけるインクルーシブ教育の展開が模索されている。時代は確実にインクルージョンへと動いている。

さらに、この半年間で公立幼稚園協会の主催で特別支援教育について語る機会が数回与えられた。幼稚園におけるインクルーシブ教育の推進がテーマであった。

また、二〇一四年から二〇一五年にかけて、神奈川県内各地でインクルーシブ教育推進フォーラムが四回実施される。小・中学校はもとより、従来取り組みが希薄であった幼稚園や高等学校でも障害児の受け入れが検討され、インクルーシブ教育が本格実施されようとしている。

ただし、インクルーシブ教育の成功は次の二点にかかっている。

まず、この教育の目的は、インクルーシブな地域社会をつくり出すことである。それは教育に限定されない。社会のなかで排除や差別の事象を敏感に感じとる意識が必要だ。それがなければ、障害のある子どもの教育の場だけが議論の中心となってしまう。差別や排除で苦しむ障害者の問題は、同時に人権侵害されやすい外国人、高齢者、ホームレス、貧困家庭などの問題と重なってくる。ソーシャルインクルージョンを基盤としなければ、インクルーシブ教育は成功しない。共に苦しみを担い合うことが前提となる。教員についていえば、この問題で苦しみ悩む保護者の涙をどう受け止めるかが出発点になる。

二点目は、インクルーシブ教育は、障害者と健常者を分けない考えであることを理解することである。障害と健常は連続性のあるもので、両者を明確に線引きすることはできない。もっといえば、すべての人は障害者である。特定の人たちを特別扱いするのではなく、みんなで自然に支え合うことが目標になる。

地域社会での共生に向けた取り組み

障害者施設から共生に向けて

二〇一一年一月一〇日の朝日新聞神奈川版に、「心の『雪』とかした利用者の姿」という記事が載った。以下はその要約である。

横浜市にある知的障害者施設の利用者と職員が、道路の雪かきをしていると、一軒の民家から出てきた女性が、利用者に「ごくろうさま」とあめの袋を差し出した。施設長はその光景を六年近くたった今でも忘れないという。あめを渡してくれたのは、施設建設時に対立した住民の一人であった。「やっとここまできた」。もつれた糸がほぐれ始めたことを施設長は感じたという。

この施設の開設をめぐり、地域では三年以上にわたって激しい反対運動が続いた。住民への説明会では、会場にあふれるほどの人が集まったが、多くはその説明に納得しなかった。横浜市は着工に踏み切ったが、住民らのピケで作業を断念。裁判所の判断を経て工事が再開、オープンを迎えるも、感情的なしこりは消えず、施設の周囲に「私たちは忘れない、納得しない、許さない」と書かれた看板が立てられた。

利用者の知的障害者が近隣の民家に入り込むなどのトラブルが起こり、謝罪に行くたびに厳しい言葉をかけられることもあったという。それでも、毎日あいさつする利用者にあいさつで応える住民も増え、毎年暮れの周辺の家へのあいさつ回りでも、年を経るごとに厳しい反応は減っていった。利用者の作るパンを売る店を近隣の人が多く訪れるようになり、交流が増えていった。

野菜を施設に持ってきてくれる人も現れた。

開設から一〇年以上が過ぎた現在、自治会と施設は協働で秋祭りを行なう。どんど焼きでは、住民と利用者が一つの火を囲む風景がみられるという。「ハンディを持っている人への自然な配慮や言葉かけがあるんです」と、施設長は語る。


いつの時代でも、障害児者への差別や排除はなくならない。私は大学で、学生たちにこの差別や排除はなぜ起こるのかと尋ねる。学生たちは思い思いの意見を述べる。何が社会のなかで差別を生むのか。私のゼミの学生はこの問題を取り上げて、障害者施設や養護学校、寿町のホームレス支援のボランティアを行なう。この新聞に出ている施設でボランティア活動をし、施設長にさまざまな質問をして、施設の過去と現状、また施設の地域に対する考え方を聞き、卒論にまとめた学生もいる。彼らの卒論には決まった答えや対応策があるわけではない。だが、地域の人たちと長く時間をかけて良好な関係をどうつくっていくか、障害児者やホームレスの人々と地域の人々とが交流・共同活動の場を多くもち、理解し合うことが大切という結論は同じである。

ここに登場する施設長は、私が初代校長を務めた養護学校の後援会の副会長をしてもらっている。養護学校開設時の反対運動を経験した私とは、同種の問題にかかわってきたという親近感がある。地域社会とどのように向き合うかということを、学校経営や施設経営の中心に据えた取り組みが求められてきた。私たちは理想を捨てない。そして人の心は必ず解けていく。いつか障害者を受け入れるのが当たり前の時代になる。そのための戦いは、相手を糾弾する戦いではなく、反対する相手を受け入れる自身の戦いであることを知るようになる。

自分たちの主張を、正義の訴えとはしてはならない。正しさを主張すれば相手は決してそれを受け入れない。さまざまな立場のいる人がいることを認め合うことから、相手との距離感が縮まっていく。養護学校でも障害者施設でも、ゆっくりとではあるが確実にそのことが実現しつつある。

いつしか障害、非障害を超えて、同じ人間として付き合うことのできる社会がくることを待ち望みたい。

共生に向けての在日外国人の姿勢

私が在日朝鮮人とかかわるなかで知ったことは、在日朝鮮人の権利のための闘争が、日本人に対する糾弾という形から、在日が日本社会に対して何ができるかという視点へと変わり、日本人との共生へと歩み始めたことであった。

長洲一二知事のもとで「ふれあい教育」が提唱され、障害児や外国籍の子どもたちとの交流を通してお互いを理解し合う道が試行された。その流れは、公設民営という形式で設置された川崎市の「ふれあい館」へと至る。

ふれあい館の設置目的は二つあった。一つは日本人と在日韓国・朝鮮人とのふれあいである。館の設立の背景には、在日の多住する地区があるにもかかわらず、行政施策が皆無だったことがある。お互いを理解し合い、尊重し合い、支援し合う関係性の確立を重要視したのだ。もう一つは、在日を含めた市民が、子どもから老人に至るまでふれあうことの大切さである。公的施設はその対象によって住み分けが決まっている。子どもは児童館に、老人はいこいの家に、障害児者はそうした学校や施設にと分けられている。だが、ふれあい館は地域に住む誰もが利用できる場を目指した。子どもと大人が共存し、健常者も障害者も、在日も日本人も共生する空間を創り出したのである。

このような取り組みは、インクルージョンの観点からはどうみえるだろうか。前にも述べたように、インクルーシブな社会では、「障害」「障害者」の言葉がなくなる。特別な存在ではなくなるからである。同様に、日本人も在日外国人も同じ市民である。その大きなくくりでみれば、生活者として助け合う存在である。「日本国国民」という枠によって彼らを排除するのではなく、共に生活する市民とみれば、そこには差別も排除も起こらない。

差別され排除されてきた在日の人たちには、日本における共生に向けた姿勢がある。彼らには最後まで人権のための戦いを続ける道があった。だが、彼らは、在日という立場から、共生という重いテーマを日本社会に突きつけている。共生は許しと譲り合いを前提としている。差別に喘いできた者が、許して譲り合って共に生きることを望んでいる。彼らの戦いはもう民族のための戦いではない。インクルージョンの戦いなのだ。いつの日か真の共生社会が実現したとき、在日とは呼ばれなくなるだろう。民族の違いを超えて、生活者、市民として互いに支え合う社会になるからだ。

私は現在大学の教員となり、学生たちに障害児教育を教えているが、人権や共生をテーマとする講座では、在日韓国人であるふれあい館の館長を特別講師として毎年招いている。被差別者が語るインクルージョンへの思いを、学生たちは重く受け止める。

インクルーシブ教会——宗教の実践活動

インクルージョンは一挙に進展することはない。小さな、本当に些細なことの積み重ねのなかで推進されていく。

私は川崎の下町にあるキリスト教会で、ホームレス支援活動を二〇年間続けてきた。その活動内容については、拙著『ホームレス障害者』のなかに記されているので、ここでは繰り返さない。だが、教会がホームレス支援を始めた当時、教会排斥運動が起こった地域は、二〇年を経て大きく変わってきている。さまざまな啓発活動や地域住民とのかかわりのなかで、現在では地域に支えられる活動になってきている。食料品や衣類を差し入れてくれたり、ホームレスの人たちへ力仕事の依頼をしたり、町内の清掃活動をするホームレスたちに感謝の言葉をかける人々が多く現れている。

地域社会のインクルーシブ化に取り組んでいる小さな教会の思いに、地域の人々が応えてくれている。かつて地域教育会議の席上で、多くの人々からホームレスの支援活動をやめてほしいと強く要求された。そんなことはもう起こらない。地域社会の人々と仲良くすることを心がけてきた結果である。

教会には今もホームレスや障害者、在日外国人などが集まり、お互いに支え合いながら一つの家族のような関係ができつつある。

　共生社会は一方的な理解啓発では進んでいかない。ホームレスの人々が清掃活動や雪かき、高齢者の家での力仕事など、地域貢献ともいうべき行動を地域の人々に示すことから始まる。障害者も同様である。ある施設では、障害者が施設の前だけでなく隣近所の家の前の雪かきをする。それによって人々の意識が変わっていったという事例がある。

　ニーズのある人々が社会にかかわり、人や社会のためになる行動をしていくことが、特別視をなくすことにつながっていく。あの人たちも私たちと変わらないと思える姿を示すことが、どれほど大切なことであろうか。


　教会にくるホームレスの人々のなかには、職を求める人がいる。比較的若く、体力もあり労働意欲もある人が、どこかで職をと相談にくる。その人が若干の配慮があれば働けると判断したうえで、私たちは就職の支援を行なう。

　教会の信徒である在日朝鮮人の人が経営する会社の作業員として雇ってもらうこともある。教会に長く通ってきていて、人となりのわかっているホームレスの人を一時的に働かせてもらう。一時的、というのは、零細企業であるその会社で大量に注文が入り、働き手が必要になったときに、ホームレスを優先的に雇ってもらっているのである。問題がないわけではない。労働者として働いていたときから長く空白の時間があれば、体力や集中力が衰えるのは仕方のないことだ。職場で働く人たちのなかには違和感をもつ人もいるだろう。しかし、同じ人間として、また苦しんでいる人間として迎え入れてくれる。在日外国人がホームレスを職場に入れる。それはインクルージョンの風景であろう。

私は盲学校や養護学校、また神奈川県教育委員会に勤めていた経歴も活用する。現在の特別支援学校の管理職の多くは、私の同僚か部下であった者だ。教育委員会が長かったこともあり、教会でホームレス支援を行なっていることを知っている人は少なくない。その人たちに声をかけ、スクールバスの介助員、給食ボランティアなどで採用してもらえないかと伝える。給食ボランティアは県の補助費がついていて、無償ボランティアではなく、若干の収益がある。これらの職にホームレスの人たちを推薦し、採ってもらうことをお願いする。それは自立への訓練にもなる。また、知り合いに声をかけ、グループホームの夜間指導員に三名採用されたこともある。

私は長く「インクルージョン」を語り続けてきた。私のことを理解してくれる人たちがいる。私の下で教頭をしていて、現在校長会会長を務めている校長は、その趣旨を校長会で伝えて、学校の職員としての採用の依頼をする。そのようにして何名かが職に就いている。保護者や教員の間には、ホームレスの介助員を心配する声もある。だが、特別支援学校がホームレスや障害者を排除してどうするのかと校長たちは説明する。

近所の建設業者がときどき教会を訪れ、働けそうな人を雇っていく。その業者は教会で食事をした後に、外でたばこを吸っている人たちのなかに入り、働けそうな人を探し出す。そのようにして雇われた人は何人もいる。

学校や施設のボランティアを希望する人たちのなかに、発達障害を含めて障害者がいる。この人たちをどうするのかが、社会福祉協議会の会議で話題になった。協議会ではボランティア登録を行なうが、そこに障害者が少なからずいて、断るか、あるいは介助の人と同伴にするか、迷うことがあるという。私はその場で即座に、障害者のボランティアを拒否することは反対だと述べた。障害者でも、必ずできる活動がある。それを見つけて提供することが施設でも学校でも大切なことであり、登録時に社会福祉協議会が拒絶することがあってはならない。障害者にとっては、ボランティアが社会との唯一の接点となる可能性があり、長くみれば就労への第一歩とも考えられる。

私は、養護学校のボランティアの例や、教会での障害者の受け入れについて語る。障害者を受け入れる組織や人々が少しでも増えることが、インクルーシブな社会に近づくことなのだ。

ボランティア養成の取り組み

ボランティア養成講座

現在、私が積極的に取り組んでいることが二つある。一つはボランティアの養成であり、もう一つは共生教育の推進である。これらは福祉の町づくりの具体的な方策であるが、最終的にはインクルーシブな地域社会をつくることが目標となる。

私は養護学校を退職して、学校の近くにある大学に招かれ、特別支援教育を教えている。福祉の大学であるが、教職課程を設置して教員養成を開始した。そこで私の経験が買われて、教鞭を執ることになった。

私は大学で地域交流センター長となり、大学の地域貢献の役割を担う部署の担当となった。もとより私自身が望んだことである。養護学校と大学は同じ地域にある。今まで培ってきた地域ネットワークの人脈と、地域との協働のノウハウが私にはあった。

この大学の卒業生の多くは福祉畑に就職する。社会福祉士や介護福祉士の資格取得を目指して、学生たちは勉学に励んでいる。入学した学生の履修科目のなかには「福祉マインド養成講座」という科目があり、福祉職に就くための心構えを醸成する。

障害者理解や高齢者理解の講義もあるが、中心となるのはボランティア体験である。毎回ボランティア募集のためにさまざまな団体がきて説明し、それに学生が応募する。ボランティアをするにあたっての心構えやボランティアの意義を学び、実際の活動を通して福祉の課題を身をもって知ることが目的となる。キャリア教育の一環ともなる。

私はこの講座を担当し、さらに専門性の高いボランティアの育成を行なうべきと考えた。養護学校で実施していた「ボランティア養成講座」が念頭にあったからである。

地域からの反対運動を受けた養護学校では、地域の人々がまずもって障害のある子どもたちに接してもらうことが、理解の促進につながると思われた。障害のある子どもたちを知らなければ、差別や偏見をもつこともあるだろう。

それならと、ボランティア募集を呼びかけた。開校前に私は、地域にあるキリスト教会にボランティアへの参加をお願いした。反対運動のある地域でのボランティア募集は困難と思えたからである。

いくつかの教会と横浜市のボランティアセンターからは多くの希望者が出て、開校前には五〇人が登録してくれた。だが、問題はそこからだった。一般の地域住民に、ボランティア募集に応じてくれる人がいるのか。

恐る恐る町内会に呼びかけた。すると、ある町内会が積極的に誘い合ってボランティアにきてくれるようになった。ことあるごとにボランティア募集を呼びかけた結果、三年間で三〇〇人のボランティアの登録をみることになった。インクルーシブ社会への第一歩と思われる出来事であった。

養護学校ではボランティア養成講座を開いた。いきなり障害のある子どもたちにかかわるのではなく、障害の特性やかかわり方についての専門的な知識や技術が必要だからである。学校のボランティア養成講座の担当者は地域支援グループが担った。こうして専門性のある、また障害児に理解のあるボランティアが多く誕生した。

私はこの経験を大学でも活かそうと考え、ボランティア養成講座を始めた。初年度は三〇名ほどの学生が講座を受講して、活動に取り組んだ。

次の年になると、私が麻生区社会福祉協議会のスーパーバイザーを依頼されたこともあり、大学と社会福祉協議会が共催で地域の人々のためのボランティア養成を行なうことになった。さらに次の年には、大学生と一般住民だけでなく、新たに高校生も講座の対象とした。二〇一三年度に大学と社会福祉協議会との共催で行なったボランティア養成講座では、一二二名の参加者を得た。さらに二〇一四年度は基礎講座と専門講座を合わせて、一七〇名の参加者があった。

このボランティア養成講座は一度きりで終わらず、年間五回の研修が予定されている。地域社会で実際にボランティア活動が定着するように組まれたプログラムである。

最終回のボランティア交流会では、参加者と受け入れ団体とが一堂に会して、地域社会のボランティア活動のあり方や展望を語り合っている。

ボランティアの今日的意義

ボランティアの今日的な意義とは何か。

社会のあり方が従来よりはるかに私事的になり、地域や職域における連帯感や所属感が薄れて、みんなで取り組むことが困難な時代になってきている。そのなかで、もう一度人とのつながり、連帯、所属意識をもつことが大切である。私的なことには強い関心をもつが、公的なことには見向きもしないという人々が増えている。町内会に入会せず、町内の清掃活動に参加しないというような人は多い。また、その前の段階である家族関係そのものが、一つにまとまらないということが起こっている。

このような状況を打破して、社会連帯感をつくり出すものとして、ボランティアが推奨されている。孤独死、無縁社会という言葉にみられるような、日常生活のなかでの小さな支え合い、助け合いが社会からなくなってきていることへ強い懸念がある。

川崎市にあるボランティアグループ「グッドネイバース」は、一人暮らしのお年寄りを訪問し、見守りや生活面での支援を行ない、孤独のなかにいる人たちと社会的な接点をもち、孤独感や孤独死を解消しようとしている。この取り組みは小さな生活面の支えだけにとどまらず、人とのかかわりに重点を置いたものであり、文字通り「良き隣人」の役割を果たしている。

神奈川県教育委員会の取り組みに、「ファミリー・サポート」というものがある。地域ごとに、家族で取り組むボランティア活動（町内や海岸等）や、家族での遠足等を行なうものだ。これについては、計画段階からさまざまな意見があった。何より議論になったのは、家族の支援を教育が行なうという点である。家族のことについては家族に任せるべきであり、そこまで教育が踏み込んでいくべきものなのか。しかし、最終的にこれが教育委員会の施策として実施されたのは、現在の家庭の置かれている状況、とりわけ家族間の人間関係のあり方に対して、教育が踏み込んで支援をしなければならないという危機感のためであった。

ボランティア活動を通して、社会的なつながりを確実なものにしようとする考え方がある。だが、私はボランティア活動の今日的意義を次の三点に求めている。

一点目は、ボランティアが今後求められる社会資源として機能することである。後期高齢者は一〇年後には全国民の二〇％に達する。高齢者すべてに福祉制度で対応することが困難なのは目に見えている。高齢者であっても、活動のできる人はボランティアとして、お互いに支え合う社会にしていくことが必要だ。

　また、障害者数も増加している。現在、特別支援教育を受けている子どもの割合は全児童生徒数の三％になり、通常の教育を受けている子どもたちのなかにも六・五％の発達障害の子どもたちがいる。つまり、約一〇％の子どもたちを支えるシステムが求められる。また、障害や発達障害ではなくても、さまざまな教育的ニーズのある子どもたちが増えていることが報道されている。たとえば、抑うつ傾向を示す中学生は二二・八％という報告もある。さらに、子どもたちのなかに対話するという習慣が消えつつある時代的風潮のなかで、言葉や身振りなどの身体表現能力が低下し、コミュニケーション能力が低下していることが指摘されている。この子どもたちがやがて大人になって社会を形成する世代となったときに、自立した社会人になれるのか。

　いずれにしても、今後さまざまなニーズのある人々の大幅な増加という社会的な問題の解決が図られなければならない。現在の日本は経済が最優先であり、福祉や教育は十分な対応がとられていない。今福祉や教育にもっと予算をつけなければ、結果として膨大な援助費が求められることになる。それは近未来の大きな危機として存在する。

　このように考えたときに、行政的な対応を埋めていくものとしてボランティアが必要になる。国がやるべきことを一般市民が行なうことへの批判もあるだろう。だが、ボランティアは受け手のニーズだけでなく、活動者のニーズも重要な視点だ。シニア世代や若者の社会形成・社会参加の点からも意味のあることである。

二点目は、ボランティアは地域社会や施設、学校における第三者評価の役割を果たすことである。学校や福祉施設では年度末に事業の年間反省を行なう。それぞれの取り組みの目標に対して、さまざまな視点から評価をする。だがそれはいずれも自己評価、内部の評価である。内部評価がいかなるものであるのか、私たちは社会におけるさまざまな出来事からそのことを学んでいる。原発事故の評価がいまだに定まっていないことなど、その典型だ。この自己評価を、外部の第三者による客観的な評価に変えていく必要がある。

私たちは福祉施設で起こる体罰、虐待、不適切介助のニュースが出るたびに心を痛める。ほとんど身動きができなかったり、意思を伝えることのできない人々が、地獄のような状態に置かれていることがなぜあるのか。

二〇一三年一二月に新聞報道された虐待死亡事件では、千葉県にある障害者施設で、五名の男性職員が日常的に虐待を行ない、一九歳の少年が腹部を蹴られて死亡したというものである。この施設は県立の施設であり、職員は公務員であった。

その前の二〇一三年一一月、障害者虐待の実態がNHKの番組で取り上げられた。二〇一二年一〇月に施行された「障害者虐待防止法」の結果を調査したものである。それは驚くべき数字であった。法律が制定されたにもかかわらず、障害者虐待は、半年間で一七〇〇件に上ったという。虐待を受けてもみずから声を上げることのできない人たちが、顔を殴られて鼻を骨折した、右腕を折られた、爪をはがされた等の事例があるという。この数字はおそらく氷山の一角とみるのは私だけであろうか。

教育現場における体罰や不適切指導は今日も続いている。私が中学校の特殊学級担任であったときに、近くの学校の担任が女子生徒にセクハラで逮捕されるという事件があった。後日、体罰も含めて、このような事件の再発予防のための研修会が開かれた。その場で私は、このような事件は、誰の身にも起こりうることだと率直に述べた。そして、特殊学級のもっている閉鎖性、孤立性、校内の評価の低さがその要因であることを指摘した。

私が神奈川県教育委員会の第三者評価委員として、教育活動への評価を行なっていることは前に述べたが、どの学校でも、自分たちの活動に対する評価は一様に高い。付き添いの教師に部屋から出てもらい、児童生徒だけから学校の課題を聞くことがある。子どもが自由に発言できるように車座になり、ネクタイを外して子どもたちに近づく。そこで語られたことは、児童生徒が子ども扱いを受けていることへの嫌悪感だった。障害者扱いはやめてほしいという。できることなのにできないものとして先生がやってしまう。普通に歩けるのに腕をとって引っ張る。うまく言えないときには、待ってくれずに先生が答えを決めてしまう。そのような、自分たちに対してあまりに多すぎる支援があることへの不満であった。教師のなかには「障害者」の意識がありすぎて、「できない子」のイメージがつくられてしまう。それは自立心を奪うことなのだ。

学校でも施設でも隠蔽体質があり、他者に対してみずからを開かない傾向がある。教室の入り口のドアに紙が貼られて、なかが見えない状態になっているのをよく見かける。ボランティアを受け入れない学校や施設がある。他者の目に触れられたくないという思いからである。これが、体罰や虐待の要因となる。それを解消するためにこそ、第三者の目が必要になる。ボランティアはその意味で第三者評価者として、隠蔽体質の改善の役割を果たす。

三点目は、ボランティアはインクルーシブ社会の担い手であるということである。参加を始めて間もないボランティア体験者が一様に語る言葉に、「ボランティアをやってみて、障害者への偏見がなくなってきた」ということがある。実際に触れ合い、かかわり合っていくうちに、今までもっていた障害者への偏見や差別が根拠のないものであったことがわかったという。

隔離され、社会に出ることの少なかった障害者に対して、つくられた偏見がある。「障害者は恐い、汚い、何をするかわからない、そして犯罪予備軍」といういわれなき偏見や差別が、隔離のなかで定着していった。

「養護学校が障害者をつくる」という警告がある。「施設が障害者をつくる」という言葉も。地域に出さず、地域の人々とも交流をしない養護学校が社会から隔離されて、「知られない存在」としての障害者をつくっていく。囲い込んだ場所での手厚い指導は、人に依存する心を育て、自立心を奪っていく。

私は養護学校の元校長の立場から、このように言うことにためらいがないわけではない。養護学校が理想の学校であると信じたい面があり、実際に理想の学校を築こうとしてきた。だが、インクルーシブ社会の実現というより大きな理想の前では、養護学校の理想は色褪せてくる。それは障害者施設も同様である。囲い込んだ環境では、見えない障害者に対して、地域住民はあれこれの不安や恐れをもつのが自然のことだろう。

私は、そのような状況にある養護学校や特殊学級、施設でのボランティア体験を経験した人々が、障害者は同じ人間であるとを知ったことを、家庭や地域に戻って人々の前で語ることによって、差別や偏見が取り払われていくことを信じたい。

言葉を換えるなら、ボランティアは学校や施設を地域社会に開いていく役割をもっている。社会の風を学校や施設に入れることによって、開かれたものとなっていく。

ボランティアは、地域社会をインクルーシブなものに変えていく担い手なのだ。インクルージョンの戦士として、新しい社会形成の役割を負っている。

共生教育の推進

私は学齢期の子どもたちに、「共生教育」を教えることを大切にしている。それがインクルーシブ社会実現への第一歩と信じているからである。とても小さな一歩であるが、それを私個人の取り組みから、多くの人々の取り組みにしていきたいと考え、実際にそうなりつつある。

かつて、養護学校を開設するにあたって地域住民の反対運動にあったときに、大人社会の強い偏見や差別を目のあたりにした。また、同じ地域で高齢者施設や不登校のための「適応指導教室」設置計画に反対した人々が多くいたことを知った。「共生」や「支え合い」という理念が地域には希薄だということを知ったときに、私は大人社会の変革は困難だと悟った。それならと考えたのは、教育によって社会を変革することだった。「大人は古い価値観のなかで変わらない」、だが、「子どもは変わる可能性がある」。私は教育者として「共生教育」をみずからのライフワークと考えるようになった。

それは、養護学校の新設にあたっての準備室が高等学校のなかに置かれたときからスタートした。高等学校で「障害理解教育」の授業をさせてもらった。障害を通して生きることの意味、死の問題、社会のあり方を考えるものであった。やがて新設校の校長になると、地域の小・中学校や高校に声をかけ、授業をさせてもらった。養護学校の校長の授業として小学校では歓迎されたが、中学校では何かうさんくさい目で見られたこともあった。高校では一緒に考える授業に努め、結論を出さないことを意図した。なかには「こうだ」と決めつけてほしいと言う者もいて、中途半端に感じた生徒もいたようだ。だが、障害を通して生きる意味を探る授業で、「私たちも障害者」という視点で語る私の意図したことは、少しではあるが届いたのではないかと思う。

語る意図は同じでも、発達段階によって授業内容や教材等は異なる。幼稚園や小学校低学年であれば、『さっちゃんのまほうのて』のような絵本を使うこともある。なるべく視覚的な手がかりを多くする。小学校高学年や中学生であれば、身近に接している障害者を思い浮かべるようにさせる授業となる。障害者の身から、自分はどうあったらよいかを考えさせる。高校生や大学生であれば、障害についての社会的な観点から話すことが多い。障害観の変遷を取り上げ、障害の自己責任から社会の問題へと考え方が変化したことに触れる。そこから障害者を通して社会のあり方を探る授業に進んでいく。

この授業の名称はさまざまである。人権講演会であれば「人権教育」となり、総合的な学習の時間での福祉に関する授業であれば「福祉教育」となり、障害児者との交流等に関するものであれば「障害理解教育」となり、さまざまなニーズのある人々との共生を考える授業であれば「共生教育」となる。私は養護学校を退職して現在は大学の教員であるが、養護学校時代から現在までに、幼稚園三園、小学校一六校、中学校八校、高等学校七校、大学三校でこの授業を実施した。

現在の教育界で大きな問題となっていることの一つは、道徳教育の教科化である。道徳が普通の教科のように評価のできるものであるのか、また戦前の修身のような教育となって、個人の立場から公的な立場への転換をもくろむものであるのか、議論されている。

私は、道徳教育よりも共生教育の推進に期待をしたい。今の子どもたちは、人とのかかわりが希薄であり、人間関係が上手につくれないことが指摘される。仲間意識や集団帰属意識の大切さがいわれているが、そのような機会は学校も家庭も社会もつくり出すことができにくくなっている。メールや携帯で相手の顔を見ることもなく意思表示を行なう便利さは、人の表情や思いを知りながら付き合うことを遠ざけていく。

さまざまなニーズのある人々とかかわり、触れ合うなかで、相手に向き合うことの大切さや気持ちや思いが引き出されていく。そのことを感じとる経験を重ねることが大切だと思う。障害のある人々との付き合いでは、相手の表情やサインを読みとる工夫が必要になる。こちらの意思を伝えるだけでは関係は成立しない。その状況に置かれた子どもたちは、人と向き合うことの大切さを学び、助け合うこと、支え合って生きることを知るようになる。その意味で、道徳教育ではなく共生教育こそ、現在最も望まれる教育ではないだろうか。

共生教育と道徳教育の違いは、一言でいえば、生活するうえで助け合う関係をつくり出す教育と、社会に対して正しいとされる規範意識をもつための教育の違いである。さらにいえば、共生教育は差別や偏見の背景にある社会のあり方に目を向ける。だが、道徳教育は大人社会のつくり出した規範をそのまま受容するものであり、社会への批判精神は育たない。社会に対する批判精神を学ばない子どもたちを作り出す社会に、将来の希望はない。社会変革のためにはどちらが大切であろうか。

どのような状態であれ、仲間と共に生きていることが喜びであることが、インクルーシブ社会のあり方である。障害者もホームレスも外国人も、自分を外に開放でき、それを心から受け止めてくれる人々がいる世界こそが、共生の世界なのだ。そんな小さなインクルーシブ社会がたくさん生まれることによって、もっと住みやすい世のなかになる。そのように目指すことが求められている。

あとがき

私たちは、社会のなかで生きていくと、さまざまな差別事象、排除事象に出会うことがあります。そういったことが大きな社会問題や政治問題としてニュースになったり、話題になったりします。差別や排除の対象は障害者であったり、外国人であったり、高齢者や病人であったりします。

三・一一東日本大震災での原発事故後には、「福島県人お断り」という一文を掲げた旅館が現れました。またJリーグの試合会場に"Japanese only"の垂れ幕がかかり、スポーツの世界でも他民族排斥の傾向があることが知らされました。サッカーだけでなく、野球や相撲、バレーやバスケットなど多くの国々の人々が選手として活躍し、私たちを楽しませてくれている現実があるにもかかわらずです。また、ヘイトスピーチにみられる偏狭なナショナリズムは、他民族との共生が進展していない状況を端的に示しています。

また、障害者が配慮されないで、つらい経験をすることが報道されます。盲導犬が傷つけられたり、白杖の音がうるさいと怒鳴られたりする事件があります。どうしてもっと寛容になれないのでしょうか。

さらに、非正規雇用者の権利に対する労働組合の拒否的ともいえる対応や、セイフティネットである生活保護に対する異常なまでの偏見や反発、障害者や高齢者への虐待や不適切介助など、日本社会では、弱い立場の人を支えることが過去のものになりつつあるのではないかと危惧されます。

障害者も高齢者も人ごとではありません。自分もいつかそうなる、あるいはなりつつあるのですから、この人たちを偏見の目で見たり排除したりすることは、そのまま自分に返ってきます。自分は障害者にはならないなどとは、誰も言うことができないのです。それがわかっていないと、障害者を特別な人たちと見てしまいます。

日本社会が経済最優先の目標を掲げて動くようになって、共生社会はますます遠い先のものになりつつあります。最も怖いのは、子どもたちが経済最優先の社会のなかで、助け合い支え合う心が育たずに、大人となって社会に出て行くことです。お金万能の価値観を疑うこともないままにもち続けて社会人となることに、私は大きな不安をもっています。今こそ共生社会をつくることの大切さを学ぶ必要があるのではないでしょうか。

私は人生のなかで、二つの排除事象に当事者としてかかわってきました。くわしくは本文のなかで述べましたが、養護学校では校長として四年間、また同じ地域にある大学の教員として五年間、この問題に取り組んできました。教会では伝道師として、二一年間ホームレス支援と地域の反対運動にかかわってきました。

この本は、私自身がそれらの活動のなかで経験したことをまとめたものです。差別や排除をなくすにはどうしたらよいのか、さまざまなことを試みてきました。理解が得られずに苦しんだ時期もありました。しかし、障害者やホームレスの人々の姿を知らないことが偏見をつくっているのだと思い、理解を広げるための努力を始めました。

その結末も本書に載っています。長く粘り強く地域の人々に理解を求め、また仲間にしていくという取り組みによって、差別が支援に変わっていきました。

私は長く、障害児教育の教師をしてきました。教育現場には、あってはならない差別が起こります。そのような経験のなかで出会ったのが、インクルージョンの考え方でした。障害があろうとなかろうと、共に生きる学校や社会をつくる考えに強い共感を覚えました。人生でさまざまな立場を経験するなかで、一貫してインクルージョンをどのように実現できるかを模索しながら生きてきました。

社会のなかにはさまざまな排除事象がありますが、しかし全体としては、共生社会を目指す方向に進んでいます。持つ者も持たざる者も、支援を必要とする者もされる者も、お互いが助け合い支え合う社会は、誰しもが願う社会のあり方だと認識されるようになってきたからです。敵をつくり出してはお互いが罵り合う社会は、決して望ましい社会ではありません。

いつの日か、「障害者」の言葉も、「外国人」や「ホームレス」の言葉もなくなり、特別な人とみることなく、お互いが助け合う社会になることを夢見ています。もう残り少なくなってきた人生ですが、その夢の実現のために多くの人たちと力を合わせていきたいと思っています。

参考文献（著者名五〇音順）

荒川智『インクルーシブ教育入門』クリエイツかもがわ、二〇〇八年
安藤房治『インクルーシブ教育の真実』学苑社、二〇〇一年
石川准『障害学の現在』大阪人権博物館、二〇〇二年
伊東隆二『全包括教育の思想』明石書店、一九九八年
マイケル・オリバー（三島亜紀子他訳）『障害の政治』明石書店、二〇〇六年
『神奈川のなかの朝鮮』編集委員会『神奈川のなかの朝鮮』明石書店、一九九八年
川井田祥子『障害者の芸術表現』水曜社、二〇一三年
アーヴィング・ゴッフマン（石黒毅訳）『スティグマの社会学』せりか書房、二〇〇九年
清水貞夫『インクルーシブな社会をめざして』クリエイツかもがわ、二〇一〇年
末長照和『評伝ジャン・デュブュッフェ』青土社、二〇一二年
鈴木文治『学校は変わる』青木書店、二〇〇一年
鈴木文治『インクルージョンをめざす教育』明石書店、二〇〇六年
鈴木文治『排除する学校』明石書店、二〇一〇年
鈴木文治『インクルージョンをめざす学校』大門印刷、二〇一〇年
鈴木文治『ホームレス障害者』日本評論社、二〇一二年

曽和信一『ノーマライゼーションと社会的・教育的インクルージョン』阿吽社、二〇一〇年
ハリー・ダニエルズ、フィリップ・ガーナー編著（中村満紀男他訳）『世界のインクルーシブ教育』明石書店、二〇〇六年
柘植雅義、田中裕一他『特別支援学校のセンター的機能』ジアース教育新社、二〇一二年
西田芳正『排除する社会・排除に抗する学校』大阪大学出版会、二〇一二年
西村陽平『手で見るかたち』白水社、一九九五年
服部正『アウトサイダー・アート』光文社、二〇〇三年
平田正宏『忍と力』南信州新聞社、二〇〇九年
堀智晴『ちがうからこそ豊かに学びあえる』明治図書、二〇〇四年
コンスタンス・マクグラス（川合紀宗訳）『インクルーシブ教育の実践』学苑社、二〇一〇年
ピーター・ミットラー（山口薫訳）『インクルージョン教育への道』東京大学出版会、二〇〇二年
G・メジボフ、M・ハウリー（佐々木正美監訳）『自閉症とインクルージョン教育の実践』岩崎学術出版社、二〇〇六年
森博俊、障害をもつ子どもと教育実践研究会『「特別ニーズ教育」「特別支援教育」と障害児教育』群青社、二〇〇二年
ハーバード・リード（宮脇理他訳）『芸術による教育』フィルムアート社、二〇〇一年

鈴木文治（すずき　ふみはる）

田園調布学園大学教授、日本基督教団桜本教会伝道師。1948年長野県生まれ。中央大学法学部法律学科、立教大学文学部キリスト教学科卒業。川崎市立中学校教諭、神奈川県立第二教育センター、神奈川県教育委員会、県立平塚盲学校長、県立麻生養護学校長などを経て現職。著書に『ホームレス障害者』（日本評論社）、『学校は変わる』（青木書店）、『インクルージョンをめざす教育』『排除する学校』（明石書店）など。

閉《し》め出《だ》さない学校《がっこう》
すべてのニーズを包摂《ほうせつ》する教育《きょういく》へ

◆

2015年2月25日　第1版第1刷発行

◆

著者…………鈴木文治
発行者………串崎　浩
発行所………株式会社　日本評論社
〒170-8474　東京都豊島区南大塚3-12-4
電話　03-3987-8621（販売）-8598（編集）
振替　00100-3-16　http://www.nippyo.co.jp/
装幀…………神田程史
印刷…………精興社
製本…………難波製本

ISBN 978-4-535-56340-7